HEYNE <

dr. med. ulrich
strunz

forever schlank

das strunz low carb kochbuch

Über 150 Rezepte: mediterran, asiatisch, urban und Landlust pur

WILHELM HEYNE VERLAG
MÜNCHEN

INHALT

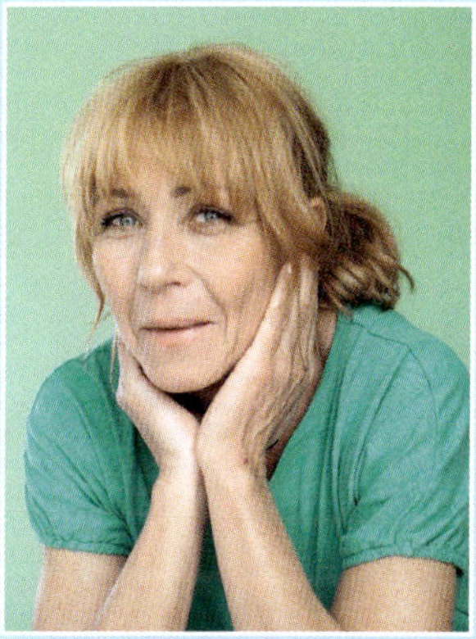

MARION GRILLPARZER: Machte ihre Liebe zum Essen zum Beruf. Die Ökotrophologin schreibt über gesunden Genuss – und hält ihn auf fröhliche, bunte Art und Weise mit der Kamera fest.

MARTINA KITTLER: Ökotrophologin, bekannte, begeisterte und erfahrene Kochbuchautorin. Immer wenn es darum geht, »genetisch korrekt« in die Praxis umzusetzen, hat sie das passende Rezept parat.

VORWORT

Neben mir liegt ein Low-Carb-Muffin. In diesem kleinen Muffin steckt unglaublich viel Genuss – und eine lebensverändernde Philosophie: Forever Young. Wer genetisch korrekt isst, verändert sein Leben. Forever Young ist eine einfache, außerordentlich wirksame Gebrauchsanleitung, den üblichen Lebensablauf zu durchbrechen. Radikal. Sich selbst auf eine völlig neue Stufe zu heben und von Stund an nicht mehr bergab, sondern bergauf zu leben. Buchstäblich. Immer mehr Menschen haben das inzwischen erfahren und können davon berichten. Das Prinzip dahinter? Erschaffe dich selbst neu. Fang noch einmal an. Werde ein neuer Mensch, ein glücklicher Mensch, ein schlankes, fittes Kraftbündel. Jederzeit möglich. Hat Ihnen bloß bisher noch niemand gesagt. Sie müssen sich nur ein bisschen bewegen, ein wenig entspannen – und genetisch korrekt essen. Knuspermüsli, Eiweiß-Powerriegel, Frozen Himbeer-Joghurt, Walnuss-Pesto, Shiitake-Omelette, Spargel-Minestrone, Käse-Pfifferling-Suppe, Kalbscarpaccio, Curry-Tofu-Grünkohl, Matjes mit Kräutergurken, Cevice à la Peru …

Das ist nur eine kleine kulinarische Reise durch den Wahnsinn an genetisch korrekten Schmankerln in diesem Buch. Und da ist für jeden etwas dabei: von mediterranen Antipasti bis asiatischen Wok-Gerichten, von urbanem Streetfood bis zur ländlichen Schmortopf-Küche. Leckeres für Beefeater und Vegetarier. Nur nicht für den Getreide-Zucker-Junkie.

Die billigste Nahrung auf diesem Planeten, mit der man Massen versorgen kann, ist Getreide. Und das was süchtig macht, ist Zucker, am wirkungsvollsten und billigsten: Fruchtzucker aus Mais. Daran ist man interessiert, dass Sie das essen. Die Lebensmittelindustrie, weil sie aus billigem Rohmaterial viel Geld schlagen kann. Die Pharmaindustrie, weil sie an den Folgen wunderbar verdient. Die Folgen, nämlich sämtliche Zivilisationskrankheiten einschließlich Übergewicht, sind bekannt.

Sie? Machen da nicht mehr mit. Sie denken künftig: Forever Young. Leben Forever schlank. Und genießen das.

Sie können, wenn Sie wollen, 50 oder sogar 80 Kilo Fett abspecken. Sie können auch einfach nur gesund werden, Ihre Tabletten überflüssig machen. Sie könnten auch Ihre depressive Lebenseinstellung abwerfen und einfach wieder das Strahlen anfangen. Forever Young verändert das Leben. Jedes Leben.

Und die wundervollste Art und Weise finden Sie in diesem Buch. Herrliche Rezepte ohne billige Kohlenhydrate. Eine simple Anleitung, um mit viel Genuss schlank und gesund zu werden. Glück zu essen, Glück zu spüren. Gucken Sie nur die Fotos an – und Sie wissen, was ich meine. Hat eine yogamachende Läuferin fotografiert, die Lebensmittel liebt, die es liebt gesund zu essen. Eine Ausnahme-Ökotrophologin. Sie lebt, ganz natürlich Forever Young. Und die Rezepte sind wie immer von der bekannten Kochbuchautorin Martina Kittler. Jedes ein unvergessliches Gedicht.

Dieses Buch ist Forever Young pur – und kann jedes Leben auf den Kopf stellen. Auch Ihres.

ICH WÜNSCHE IHNEN, VIEL SPASS –
UND GUTEN APPETIT. HERZLICHST, IHR

ULI STRUNZ

WISSENSSCHMANKERL

Bevor es ans Eingemachte geht, ans Gewokte, ans Gesottene und Gebratene – ja, sogar auch ans Gebackene –, möchte ich ein paar Worte zum Thema No Carb und Low Carb loswerden. Ein paar Fragen beantworten, wie: Warum gibt's immer noch Experten, die behaupten, Zucker ist unschuldig? Oder: Muss man nun sein Leben lang in Ketose verbringen? Darf man nun nie mehr einen Blaubeermuffin...?

Noch gibt sie nicht auf, die Deutsche Gesellschaft für Ernährung. Noch gelten die »Evidenzbasierten Ernährungsempfehlungen«. Unverändert die Ratschläge von Toeller 2005. Dort vergleicht man Diäten mit verschiedenen Mengen an Kohlenhydraten, von 36 bis 60 Prozent, und deren Auswirkungen auf das Gewicht, auf Diabetes Typ 2. Die schreiben: »Es existiert keine Evidenz für einen langfristigen Nutzen durch Diäten mit wenig oder sehr wenig Kohlenhydraten. Für Diäten mit wenig Kohlenhydraten und viel Fett konnte bisher eine langfristige Gewichtsabnahme nicht nachgewiesen werden.«

Da sollten Ihnen die Haare zu Berge stehen. Das ist gültige Medizin heute in Deutschland. Das ist der Grund für das weiter explosionsartig steigende Übergewicht, für die weiterhin zunehmende Anzahl an Diabeteskrankheiten, an metabolischem Syndrom sprich: an Leid und Tod.

Man vergleicht dabei Diäten mit 49 bis 60 Prozent Kohlenhydraten mit solchen, die 36 bis 40 Prozent empfehlen. Letztere nennt man dann kohlenhydratarm und beweist, dass das nichts nützt. Da schüttelt es einen. Und dass es bei 36 bis 40 Prozent Kohlenhydraten in der Nahrung zu keiner langfristigen Gewichtsabnahme kommt ... ist eine Selbstverständlichkeit. Da wird der Mensch ja noch gemästet wie eine Stopfgans. Denn wir wissen nun einmal: Der Mensch braucht null Kohlenhydrate. Er kann sich alles selbst herstellen. Von dieser Null hat man auszugehen. Und nicht von 60 Prozent, die man ein bisschen reduziert auf 40 Prozent. Alles gleich schlecht. Gewichtsreduktion und völliges Verschwinden eines Diabetes Typ 2 ist zu erwarten bei fünf Prozent Kohlenhydraten. Das hat Dr. Jay Wortman am eigenen Leibe bewiesen. Auf diese Art kann jeder Arzt, jeder Experte, jeder Ernährungsberater an sich selbst binnen einer Woche die Wahrheit herausfinden. Einfach mal Kohlenhydrate weglassen. Auf ausreichend Proteine, essenzielle Fette und Vitalstoffe achten. Einfach mal an das Lehrbuch der Biochemie glauben. Und spüren, was passiert. Und dann vielleicht auch mal den Arzt messen lassen, wenn einem das Glauben verständlicherweise schwerfällt.

Genießen Sie genetisch korrekt

Die längste Ernährungsstudie, die ich kenne, dauerte Millionen von Jahren. Begann etwa vor 2,5 Millionen Jahren und endete vor circa 15 000 Jahren. Umfasst die Zeit, in der der Mensch groß wurde. Als er trotz täglicher großer körperlicher Anstrengung durch lange Perioden von Dürre, Hunger und Entbehrung gehen musste. Zäh wurde, ausdauernd wurde. Und was hat er damals gegessen? Mageres Fleisch von wilden Tieren war Hauptbestandteil der Ernährung. Es wurde kein Getreide gegessen, denn die Landwirtschaft fing erst vor circa 15 000 Jahren an. Wilde Gräser waren ein seltener Notbehelf. Die kommen heute wieder in Mode. Weil man weiß, dass das viele Getreide krank macht. Haben Sie schon gehört: Glutenunverträglichkeit.

Freilich: Es gab keinen raffinierten Zucker, nur ganz selten etwas Honig. Steinzeitmenschen konnten keine Milchprodukte essen, da Melkvorrichtungen für Säbelzahntiger und Mammuts nicht erfunden waren.

Kohlenhydrate lieferten ausschließlich wilde Früchte und Gemüse. Deshalb war der Anteil an Kohlenhydraten sehr viel geringer als heute. Fett gab es überwiegend in Form von Omega-3-Fettsäuren, die man bei uns heute leider nur noch in Kaltwasserfischen, Wild und Fleisch von Weiderindern findet.

Das nennt man genetisch korrekte Kost. Essen, das zu uns passt. Zu unseren Genen. Genetisch korrekte Kost ist in etwa das Gleiche wie Paleo-Diät, bedeutet also im Wesentlichen: keine industriellen Kohlenhydrate. Denn Zucker stoppt die Fettverbrennung. Macht süchtig. Macht krank. Bei den Milchprodukten kann man ein Auge zudrücken, wenn man sie verträgt. Genauso bei den Hülsenfrüchten. Wichtig ist nur: kein Zucker oder Mehl. Keine Berge an süßen Früchten. Denn die fand man damals, wenn überhaupt, nur in kleinen Mengen. Immer dann, wenn sie Saison hatten. Ein paar Tage im Jahr. Das war's eigentlich schon. Lassen Sie endlich den Müll weg. Lassen Sie endlich 72 Prozent Ihrer gewohnten Kost weg. Hören Sie auf, Ihren Körper ständig zu belästigen, worauf er mit Krankheit reagiert. Zum Beispiel mit Asthma. Mit Reizdarm. Mit Allergie. Mit Lebensmittelunverträglichkeiten. Mit Migräne. Und was passiert, wenn Sie genetisch korrekt essen? Etwas ganz Banales: Der Körper ist er selbst. Er kann das tun, was er sicherlich am besten kann: sich selbst gesund machen; sich selbst schlank machen. Und schmeckt das? Blättern Sie doch einfach mal durch dieses bunte Buch. Und wenn Ihnen das Wasser im Mund …

Lassen Sie sich Zeit

Falls Sie sich entschließen sollten, Ihr Leben auf den Kopf zu stellen. Also ab jetzt fröhlich, energiegeladen, länger, gesund … zu leben, sprich: von Stund an genetisch korrekt zu speisen. Dann werden Sie eine Überraschung erleben. Erst einmal geht`s bergab. Präzise ausgedrückt: Wenn Sie aufhören, Ihre Gene mit buchstäblichem Müll zuzuschütten, wenn Sie also die Zufuhr an leeren Kohlenhydraten stoppen, werden Sie nicht von Stund an glücklicher oder leistungsfähiger, sondern erst einmal schlapp. Oft müde. Manchmal depressiv. In den ersten Tagen. Kein Wunder: Kohlenhydrate, also Zucker, gilt ja inzwischen offiziell als Droge. Als Suchtdroge. Und wenn Sie eine Droge absetzen (das weiß jeder Raucher), dann leiden Sie zunächst. Fragt sich einfach nur: Wie lange?

Dieser Frage ist Dr. Stephen Phinney nachgegangen. Er hat dazu zunächst Erzählungen von

KETOSE IST ein natürlicher Stoffwechselweg, den wir beim Fasten einschlagen. Ein Reinigungsgang durch den ganzen Körper – durch Gehirn, Blutgefäße, Leber ... Die Ketose befreit den Körper von Stoffwechselmüll. Und verbrennt besonders schnell Fett. Damit unser Körper die Energieersatzstoffe namens Ketone bilden kann – sprich: Fett abbaut –, muss man aber nicht auf Fett oder Eiweiß verzichten, sondern nur eine Pause von Stärke und Zucker machen, weil die ihn dabei stören. Deswegen beschränkt der Ketarier seine Kohlenhydratzufuhr auf 20 bis 50 Gramm pro Tag.

Inuit, dann von Europäern in Grönland ausgewertet, schließlich eigene Messungen veranstaltet. Und fand dabei heraus, dass der Umstellungsprozess nach einer Woche abgeschlossen ist. Dass Sie nach einer Woche No Carb (also nur 20 bis 50 Gramm täglich, weniger geht nicht), also nach einer Woche ohne Droge, wieder voll leistungsfähig werden. Bewiesen auf dem Fahrradergometer. Und das würde gelten, so meint er, sowohl für den Hochleistungssportler wie auch für den sitzenden Menschen. Kein Unterschied. Guckt man auf die Messungen in der Literatur, auf alle Berichte, auf alle Messungen zusammengefasst: Längstens nach drei bis vier Wochen sind Sie wieder voll da. Voll heißt besser als vorher. Weshalb besser? Weil Sie zwangsläufig in dieser Zeit Fett verloren haben. Gewicht verloren haben. Und weil dadurch zwangsläufig (schon rein rechnerisch) Ihr VO2 max angestiegen ist. Die maximale Menge an Sauerstoff, die Sie in der Zelle verarbeiten können. Das sicherste Maß für Leistungsfähigkeit, übrigens auch für Ihr biologisches Alter. Heißt: Sie werden, ob Sie das wollen oder nicht, mit dieser Methode biologisch jünger.

Die Rolle des Fettes

Was oft ein bisschen untergeht: Fett spielt eine ganz entscheidende Rolle. Für den Leistungssportler. Für den Inuk. Diese Menschen müssen ihre Energie ja irgendwoher beziehen. Und wenn nicht aus Zucker, dann unbedingt aus Fett. Die brauchen also circa 80 Prozent der täglichen Nahrung in Form von Fett. Bleiben selbstverständlich dennoch schlank.

Wer das Fett nicht braucht? Na, der deutsche Normalbürger – der viel gescholtene. Der trägt das Fett in eleganter Form je bereits mit sich herum. Der kommt – anfangs – allein mit Eiweiß aus. Energie bezieht er aus seinem Körperfett. So lange, bis ... das Ziel erreicht ist. Laut Sporthochschule Köln bei 15 Prozent Körperfett, laut Armstrong & Co. bei vier Prozent Körperfett. Sie kennen sich ja inzwischen aus. Übrigens legt Dr. Stephen Phinney großen Wert auf die

Feststellung, dass ketogene Diät nur dann funktioniert (muskelerhaltend funktioniert!), wenn der Mineralstoffhaushalt in Ihrem Blut stimmt. Der Doktor betont die Wichtigkeit von Natrium (Kochsalz) und Kalium täglich. Inuit wissen das. Die trinken »coastal ice«, also teilweise entsalztes Seewasser. Klug.

Keiner von uns braucht hier auf seine Adern zu gucken und zu raten. Die Mineralien im Blut misst jeder Hausarzt zwischendurch gerne.

Wollen Sie Ketose forever?

Nein. Ganz sicher nicht. Wer kommt denn auf diese Idee? Das ganze Leben im Hungerstoffwechsel? Wozu? Was soll das? Wer will das? Jeder Aff′ weiß Bescheid!!! Sie nehmen mir diesen Satz nicht ernst genug. Der beantwortet nämlich jede – wirklich jede! – Ernährungsfrage. Mit Aff′ ist der Schimpanse gemeint, unser genetischer Artverwandter. Hat den gleichen Stoffwechsel wie wir. Von dem erfahren Sie ganz nebenbei, dass Beschäftigung nur mit Ernährung einfach nur dumm ist. Bewegung und Entspannung und Krafttraining gehören immer dazu. Wie gesagt: Jeder Aff′ weiß Bescheid. Ein Affe in Ketose? Frisst der wirklich 80 Prozent Fett? Frisst der wirklich No Carb (weniger als 50 Gramm Kohlenhydrate)? Ganz sicher nicht. Bitte rekapitulieren wir: Der Aff′ frisst ca. 30 Prozent rohes Fleisch, den Rest Blätter, Nüsse, Wurzeln und ab und zu Obst. Das war′s auch schon. Und das sollte man, so gut es eben geht, imitieren. Heißt ins Negative übersetzt doch ganz einfach:

- keine leeren Kohlenhydrate
- keine künstlichen Kohlenhydrate
- kein Mehl, kein Zucker
- kein Brot, keine Nudeln
- kein Reis, keine Kartoffeln

Selbstverständlich gehören Kohlenhydrate zum Leben. Aber eben natürliche, mit Vitaminen angefüllte Kohlenhydrate, wie sie in Gemüse und zuckerarmem Obst enthalten sind. Der liebe Gott sorgt schon dafür, dass der »Zucker« darin sehr, sehr langsam freigesetzt wird. Da treten praktisch nie Blutzuckerspitzen auf. Und dann: Glauben Sie wirklich, dass der Schimpanse jeden Tag das Gleiche isst? Exakt nach Prozenten ausgerechnet? Ganz sicher nicht. Der frisst eben das, was da ist. Und das kann je nach Verfügbarkeit, je nach Jahreszeit, je nach Umgebung (Regenzeit, Regenwald, Wüste, Trockenheit, Dürre …) ganz verschieden sein. Sie sollten das Ganze ein bisschen lockerer sehen. Aber eben auch immer im komplexen Zusammenhang. Ernährung allein ist Nonsens. Bewegung und Denken gehören immer dazu.

Und weshalb spreche ich dann ständig von Ketose, ständig von No Carb? Ja, du meine Güte: Weil ich Arzt bin. Weil mir Patienten gegenübersitzen. Die mich mit großen Augen angucken. Und meist schon krank sind. Unter Übergewicht leiden. Oder, schlimmer noch, schon Krebs haben. Will sagen: Ketose ist ein Heilmittel für bestimmte Krankheiten und Zustände. Ist aber sicher nichts fürs ganze Leben.

Eine Woche No, dann Low Carb!

Lassen Sie mal eine Woche lang die Kohlenhydrate weg. Achten Sie auf ausreichend Eiweiß (zwei Gramm pro Kilo Körpergewicht und Tag), genug lebenswichtige Fettsäuren – und all die wertvollen Vitalstoffe, die die Natur kennt (und der Apotheker sicher verpackt). Nahrungsergänzungsmittel. Züchten Sie sich wieder Ihre Fettverbrennungsenzyme. Und dann schwenken Sie um auf Low Carb. Auf die Genussrezepte in diesem Buch. Sie brauchen nur vier Wochen, und Ihr Körper hat sich so verändert, dass plötzlich alles ganz leicht wird. Sie drehen einfach mal den Kohlenhydrathahn zu, kommen in den energetischen Stoffwechsel namens Ketose oder auch nur in die Nähe davon – und das ganze Leben ist plötzlich so leicht … Der Körper arbeitet für Sie und nicht gegen Sie. Die Fettverbrennung läuft auf Hochtouren. Sie wachen morgens schon mit einem unerklärlichen Bewegungsdrang auf. Zipperlein verschwinden …

Paleo ist Unsinn?

Der Steinzeitmensch hat doch … weder Eiweißpulver noch Vitaminpillen gehabt. Hat Hülsenfrüchte gemieden. Und man kann sich doch nicht nur von Grillen und Antilopenfleisch ernähren? Solche Fragen krieg ich. Kapiert wirklich niemand, dass es völlig wurscht ist, was wir essen? Der Körper muss nur – gemessen, nachweislich – all die nötigen essenziellen Stoffe bekommen und enthalten. Per Blutanalyse nachweisbar.

Drum streite ich mich doch schon lange nicht mehr darüber, ob der Schimpanse nun wirklich 30 Prozent Fleisch oder nur 10 Prozent Fleisch zu sich nimmt. Der Eiweiß-Blutspiegel muss halt stimmen. Die Aminosäuren müssen stimmen. So lautet das ganze Geheimnis eines ewig jungen Lebens.

Eine Frau Dr. Christina Warinner hat festgestellt, es gäbe sie gar nicht, die Paleo-Diät. Die Menschen in der Steinzeit haben immer nur das essen können, was da war. Im hohen Norden also eben doch sehr viel Fleisch (da gab's kaum Pflanzen), in Afrika wiederum hauptsächlich pflanzliche Nahrung. Und deswegen gäbe es sie nicht, die »Paleo-Diät«.

Wirklich nix verstanden. So gar keinen Durchblick. Es gibt das Prinzip der Paleo-Diät: naturbelassen, saisonal, also nichts Importiertes, nichts Konserviertes, nichts Gefärbtes. Und in der Zusammensetzung, die dem Körper alle essenziellen Nährstoffe zuführt. Und das kann selbstverständlich ganz verschieden aussehen. Der eine mag Grillen aus der Zoohandlung, der zweite Tofuschnitzel und der dritte einen Proteinshake.

Eine goldrichtige Bemerkung allerdings macht sie, die Frau Doktor: Zum Thema Konservierungsstoffe. Bitte nehmen Sie das ernst:

Konservierungsstoffe funktionieren nur, weil sie das bakterielle Wachstum in den Lebensmitteln verhindern. Nur vergessen wir dabei, dass auch unser Magen-Darm-Trakt voller Bakterien steckt. Hierbei handelt es sich um unsere Darmflora, also zumeist um gute Bakterien, die viele nützliche Dinge erledigen. Sie helfen bei der Verdauung, sie steuern das Immunsystem, sie dienen der Funktion unserer Schleimhäute …

Wenn wir nun aber regelmäßig Lebensmittel essen, die voller Konservierungsmittel stecken, dann trägt das natürlich auch zur Schädigung unserer Darmflora und somit unserer Gesundheit bei. Sind wir wieder bei Aldi und Lidl. Schnäppchenkauf. Wohl bekomms.

Tagtäglich sitzen sie mir gegenüber und jammern über ihre Verdauung. Über ihr zu schwaches Immunsystem. Ja nun: Wie man in den Wald (also in den Darm) hineinruft, so schallt es heraus.

Und nun die gute Nachricht: Kann man ändern. Können Sie ändern. Immer. Jeden Tag. In jedem Alter. Gleich heute. Machen Sie die Drei-Stufen-Diät. Mutieren Sie zum echten Genießer. Zuckerfrei, mehlfrei – genetisch korrekt, gesund. Ich wünsche Ihnen mit diesem Buch: viel Gesundheit und einen gesegneten guten Appetit!

Wissensschmankerl II

Appetit werden Sie haben. Denn es ist für jeden etwas dabei. Für den Paleo und den Veganer. Fürs Büro und für das Dinner for two. Auf Seite 202 finden Sie ein Register mit vegetarischen und veganen Rezepten. Und damit Sie wissen, was carbtechnisch auf Sie zukommt, haben wir alle unsere Rezepte, die weniger als 10 Gramm Kohlenhydrate haben, folgendermaßen gekennzeichnet:

NC
NOCARB

DIE DREI-STUFEN-DIÄT

Wir haben unsere Rezepte mit den Carbs ausgezeichnet. Jeder kann sich auch in diesem Buch seine Diät selbst zusammenstellen – von streng bis lockerer.

1. WOCHE

20 Gramm Kohlenhydrate pro Tag. Das ist verdammt wenig. Das schafft man nur mit Suppe, Eiweißpulver und selbst gemixten Ketoshakes. Man kommt nicht über sieben Gramm Kohlenhydrate pro Mahlzeit. Beispiele finden Sie natürlich auch hier im Kochbuch. Nach dieser Woche dürfen Sie auch durchstarten zur 3. Stufe (siehe 5. Woche). Hartgesottene, schwer Übergewichtige können sich noch drei weitere Wochen in der Ketose aufhalten.

2. BIS 4. WOCHE

50 Gramm Kohlenhydrate pro Tag. Sie suchen sich eine Mahlzeit mit 30 Gramm Kohlenhydrate aus unserem Fundus ab Seite 29. Kombinieren morgens einen Ketoshake dazu und abends eine Ketosuppe. Beides unter zehn Carbs. Mehr Rezepte und genaue Anleitung für Bewegung und Entspannung in diesen Wochen finden Sie übrigens in meinen Büchern »Forever schlank« und »No-Carb-Smoothies«.

AB 5. WOCHE

Jetzt sind Sie hier in diesem Buch natürlich goldrichtig. Nun heißt es Genießen. Jeden Tag zwei Gramm Kohlenhydrate pro Kilo Körpergewicht. Aber nicht mehr als 150 Gramm pro Tag. Sprich: Sogar Schlampern ist erlaubt! Heißt: Einmal täglich gibt es, wenn Sie das wollen, viele Kohlenhydrate, Ihren geliebten Blaubeermuffin – und den Rest des Tages Low oder No Carb. Der Körper übt und wird immer besser. Das ist sozusagen ein Intervalltraining. Jeden Tag verzichtet man bis zu 14 Stunden auf Kohlenhydrate. Man isst zwar rund um die Uhr. Aber 14 Stunden lang keine Kohlenhydrate. Das wirkt besonders, wenn man nachts, morgens und vormittags Brot, Nudeln, Obst, Zucker & Co. weglässt. Fettverbrennende Enzyme (vier Stück) schlüpfen aus ihrem lebenslangen Winterschlaf und arbeiten an gegen die Jahresringe auf der Hüfte. Weiterhin viel trinken, täglich bewegen, regelmäßig entspannen. Smoothies mit Eiweißpulver angereichtert, sind ein praktisches Frühstück – und helfen durch die Phasen, in denen Sie keine Zeit zum Kochen haben. Auch die Suppen (ab Seite 72) lassen sich wunderbar vorbereiten und mitnehmen. Ebenso wie viele der leichten Gerichte (ab Seite 108).

SIEBEN MAGISCHE MUST HAVES

AVOCADO

Die Frucht enthält reichlich gesunde Omega-3-Fettsäuren, die satt und nicht dick machen. Außerdem tun diese Fette nur Gutes für die Haut, die Zellwände und die Nerven. Ein weiterer Zauberstoff heißt Mannoheptulose, er senkt den Blutzuckerspiegel. Avocado essend fühlt man sich vital, konzentriert, wach. Unvergesslich lecker als Guacamole – oder einfach aus der Hand. Mit Salz, Pfeffer, Essig, Olivenöl. Die beste Sorte heißt »Hass«.

CHILIÖL

Die kleine rote Chilischote gehört in vielen Variationen in die Paleo-Küche. Sie regt den Fettstoffwechsel an – und macht uns über Endorphine glücklich. ½ l Olivenöl in eine kleine Flasche füllen, zehn kleine rote, getrocknete Chilischoten dazugeben. Ein paar Tage ziehen lassen. Damit Saucen und Suppen würzen. Auch im Einsatz für die schlanke Linie: Pul Biber, die milden bis scharfen Paprikaflocken.

KOKOSÖL

Ein Löffel in den Morgenkaffee, den Smoothie oder in Wok und Pfanne. Beugt Alzheimer vor, stärkt das Immunsystem, dämpft den Hunger. Besteht zu 63 Prozent aus mittelkettigen Fettsäuren, die die Leber sofort in Ketone umwandelt. Ketone liefern Energie für viele Gewebe, auch für das Gehirn.

KAKAO

Bohnen knabbern, Nibs (Kakaobruch) in den Smoothie tun, Kakaopulver trinken. Rein natürlich. Die Azteken hatten keinen Nesquick in der

Tasse. Zuckersüßer Industriemüll. Die mörserten die Kakaobohnen mit Chili oder Vanille und verquirlten das mit heißem Wasser. Der Göttertrunk, der xocolatl (Bitter-Wasser genannt), galt als Quelle der Weisheit und großer Energie. So hält reines Kakaopulver ohne Zucker heute noch jung.

KRAFTBRÜHE

Knochenbrühe gehört zur Paleo-Diät wie die Nuss in den Eichhörnchenvorrat. Sie stärkt Knochen, glättet Falten, heilt den Darm, puscht die Abwehrkräfte, beschwichtigt schmerzende Gelenke und schenkt jede Menge Energie. Täglich einen Becher trinken. Rezept Seite 44.

PROTEINPULVER

Weil man heutzutage nicht mit kiloweise Fleisch den Eiweißspiegel auf gesunde Höhen bringen will, steht in der modernen Paleo-Küche ein Eiweißpulver. Egal, ob man Smoothies mixt oder Brot bäckt, Desserts anrührt, Gemüseomeletten zubereitet. Wer gesund abnehmen möchte, braucht zusätzlich ein gutes Eiweißkonzentrat. Eines, das 1. keine Kohlenhydrate enthält, 2. keinen Geschmack hat – damit es im Beerendrink wie im Brot schmeckt, 3. eine hohe biologische Wertigkeit hat, also all die Aminosäuren in optimaler Dosierung enthält, die der Körper braucht, um seine Zellen zu reparieren, Muskeln aufzubauen, gute Laune zu machen. Zum Beispiel mit Tryptophan. Das braucht das Glück. Zucker nicht! Habe ich mir herstellen lassen. Heißt Power Eiweiß Plus Pur. Wenn Sie mehr darüber wissen wollen: www.strunz.com.

NUSS UND MANDELKERN

Nüsse, Mandeln und Samen dienen als wunderbarer Snack. Sie liefern jede Menge Protein, Ballaststoffe und Mineralien wie Calcium, Magnesium, Eisen, Kalium und Zink. Vitamin E und einfach ungesättigte Fettsäuren halten uns jung. Auch mal als Nuss- oder Mandeldrink genießen. Oder im Kaffee, im Smoothie. Schäumt gut, schmeckt süß-nussig und macht Zucker überflüssig. Als Nussmus auf das Eiweißbrot streichen. Auch lecker: In der Pfanne mit einem Eiweiß und Gewürzen zum Snack krönen. Rezept Seite 60. Ob Walnuss-, Haselnuss-, Mandel- oder Erdnussöl – Nussöle versorgen uns mit gesunden ungesättigten Fettsäuren. Und passen wunderbar in die Keto-Küche. Sie stärken das Immunsystem und kurbeln den Fettstoffwechsel an. B-Vitamine unterstützen das Gehirn, Cholin und Lecithin rüsten uns gegen Stress.

NO-GOS!

> Getreideprodukte
> Zucker und Zuckerhaltiges
> Verarbeitete Lebensmittel & künstliche Zusatzstoffe
> Softdrinks & zuckerhaltige Getränke
> Raffinierte Pflanzenöle & gehärtete Fette
> Industriell verarbeitetes Fleisch

WAS PALEOS SO SCHRÄGES TUN …

EI(WEISS)-POWER TANKEN

So macht's die Keto-Bloggerin Anne (your-diet-angel.com): Morgens 1 Eigelb roh, 2 ganze Eier roh, 150 ml Mandelmilch, 2 TL Protein, 2 TL Kakao roh, 1 EL Kokosöl, gemahlene Vanilleschote (alles Bio!) in den Mixer. Verquirlen.

BULLETPROOF COFFEE TRINKEN

1 große Tasse Kaffee frisch aufbrühen, 2 TL Kokosöl drunterrühren, 1 EL Eiweißpulver und etwas Kakao gut verquirlen, eine Prise Zimt hineingeben. Und trinken. Ja, das kann man. Macht satt, schenkt Energie, Konzentration, kurbelt die Fettverbrennung an, wappnet gegen Stress.

NICHT AN FETT SPAREN

Damit unser Körper, sprich die Leber, Ketone bilden kann, braucht er ausreichend Fett. Außerdem macht Fett schlank. Gutes Fett. Sie dürfen also ruhig zulangen bei fettem Fisch, Mandeln, pflanzlichen Ölen, Avocados. Auch Sahne und ein Stück Speck passt auf den Paleo-Plan. Bio bitte. Auch mittelkettige Fettsäuren (MCT-Öle wie Kokosöl) fördern die Ketose. Und sorgen dafür, dass Sie Ihren kleinen ungeliebten Fettspeicher gleich auch noch zum Energiestoffwechsel anregen.

AM LIEBSTEN SELBST ERNTEN

Kann er leider nur selten. Er achtet trotzdem darauf, dass die Zutaten hochwertig, frisch, artgerecht behandelt und makellos sind. Möglichst Gemüse und Obst aus kontrolliert biologischem Anbau verwenden, das aus der Region stammt und à la saison geerntet wurde. Wenn's Fleisch sein soll: Das Fleisch von Weidetieren enthält gesunde Fettsäuremuster. Optimal sind Produkte aus dem eigenen Garten, vom Wochenmarkt, aus dem Bioladen, vom Gemüsehändler, Fischhändler und Metzger des Vertrauens. Und freilich darf man auch als Neosteini im Internet die Ökokiste ordern.

ROH ESSEN

Die Paleos essen Leben. Die trinken auch Leben. Die gucken, dass so viel wie möglich von allen 47 essenziellen Wirkstoffen auch noch im Essen drinstecken. Die stecken nach der Behandlung mit dem Kochtopf leider nicht mehr drin. Darum haben Paleos heute Rawöfchen (siehe Seite 20). Essen Sie Leben heißt: viel, viel mehr Vitamine und Spurenelemente, als Sie sich überhaupt denken können.
Leben Sie von Eiern, Bio-Leber und Gemüse? Selbstverständlich roh. Alle drei? Dann haben Sie genug Vitalstoffe. Wenn nicht, dann sollte der Doc mal messen – und Sie füllen gezielt mit Nahrungsergänzungsmittel auf.

VORRAT HALTEN

Wer klug ist, genetisch korrekt lebt, der erntet dann, wenn die Pflanze Saison hat. Dann liefert sie nämlich die meisten Biostoffe. Mit kluger Vorratshaltung kommt man dann auch über den Rest des Jahres. Nach der großzügigen Saisonernte die Beute einfach einfrieren oder dörren oder einmachen.

> Einige Stöckchen Kräuter gehören unbedingt auf die Fensterbank, wie Petersilie, Basilikum, Thymian. Immer griffbereit. Blättchen abzupfen, in oder über Gerichte streuen. Wenn Kräuter Saison haben, viel ernten, klein schneiden und in Eiswürfelbehälter mit Wasser bedeckt einfrieren. In Beutel umfüllen, portionsweise auftauen.

> Nuss- und Mandelmuse aus dem Bioladen sollte man immer im Vorratsschrank haben. Halten sich dort monatelang, auch ungekühlt. Raffinierte Note für Suppen, Vinaigretten, Smoothies, Desserts. Kann man auch selber machen.

> Currypaste, Ajvar, Senf und geriebener Meerrettich halten sich auch in angebrochenen Gläsern monatelang im Kühlschrank. Ideal für würzigen und länderspezifischen Pep in der Küche.

> Hülsenfrüchte wie Linsen, Kichererbsen, weiße Bohnen einweichen und auf Vorrat kochen. Portionsweise einfrieren. Wenn Hülsenfrüchte aus der Dose übrig bleiben – ab damit in die TK-Truhe. Gilt auch für Kokosmilch oder Reste von Dosentomaten.

> Nüsse und Kerne in einer beschichteten Pfanne rösten, bis sie duften. Vom Herd nehmen, auf einem Teller abkühlen lassen, in einem Vorratsgefäß aufbewahren. Bei Bedarf über Salate, Müslis, Desserts streuen. Superfood: Eine selbst gemischte und geröstete Vitalkernemischung aus Kürbis-, Sonnenblumen- und Pinienkernen.

> Vanillezucker selbst gemacht. Aufgeschlitzte Vanilleschote in Twist-Off-Glas mit Birkenzucker stecken und verschlossen »ziehen« lassen. Eine Prise davon in einer Vinaigrette – köstlich!

WICHTIGE HELFER IN DER FOREVER-SCHLANK-KÜCHE

RAWÖFCHEN

Der Steinzeitmensch hat's auf einen Stein gelegt. Und in der Sonne getrocknet. Wir haben da wunderbare, moderne kleine Rawöfchen (neudeutsch für Dörrapparat). Dörren ist die natürlichste und simpelste Art und Weise, Fleisch, Früchte, Gemüse, Pilze und Kräuter gesund zu konservieren. Carbarme Snacks herzustellen. Gedörrtes hält sich monatelang. Unter 42 Grad Celsius getrocknet, gehen die Vitamine nicht flöten, bleibt das Aroma erhalten.

Selbst gedörrtes ist frei von Konservierungsstoffen und hundertprozentig ungeschwefelt. Könner machen im Dörröfchen auch Brot, Pizza, Chips, Fruchtschnitten …

LUST AUF NO-CARB-PASTA?

Für kreative Köche ist der Spiralschneider eine faszinierende Erfindung. Mit dem handbetriebenen Maschinchen kurbelt man aus Zucchini, Karotten, Gurken, Kohlrabi & Co. feinste Spaghettini.

LAUTER GUTES KLEINZEUG

Ein elektrischer Blitzhacker sollte griffbereit in der Küche stehen. Für Pestos, Pasten, Aufstriche – wenn die Menge für den großen Mixer zu klein ist. Ein scharfes Messer. Also mindestens das eine, das butterweich durch Zwiebeln und Möhren gleitet, Tomaten und Radieserl mühelos hauchdünn scheibelt und aus Petersilienblättchen grüne Punkte zaubert. Einen Gemüsehobel braucht man. Mit Schneiden scharf wie Rasierklingen. Nur dann macht es Laune, leckere Rohkostsalate zuzubereiten. Weil's schnell geht. Auch ein richtig großes Schneidebrett gehört in jede Paleo-Küche. Eins, das nicht schon beim Schneiden einer Möhre überquillt. Der Profi steht auf Naturstein.

HOCHLEISTUNGSMIXER

Das Herzstück der modernen Paleo-Küche ist ein Mixer, der Höchstleistungen bringt. Die Zellen von Gemüse so aufschließt, dass uns alle Biostoffe der Pflanze sofort zur Verfügung stehen. Der Kerne so klein schlägt, dass sie nicht zwischen den Zähnen klemmen. Der den Smoothie so cremig macht, dass wir drin baden möchten. Geräte mit genügend Power schaffen 18000 Umdrehungen pro Minute – die Königsklasse sogar bis zu 38000 Umdrehungen, Leistung bis zu 1500 Watt. Dank der scharfen, stabilen Messer werden selbst hartfaserige Zutaten inklusive Schale, Kerne, Steine, Stiele (zum Beispiel Nüsse, Mandeln, Brokkoli oder gefrorene Zutaten) feincremig püriert und optimal zerkleinert. Die kurze Mixzeit schont Vitalstoffe.

SLOWCOOKER

Morgens füllen – abends genießen. Egal ob Eintopf oder Suppe. Der Slowcooker ist ideal für Zeitlose – und für Bone-Broth-Fans. In der Paloe-Küche simmert er Tag und Nacht vor sich hin, voller Knochen von Geflügel oder Weiderind, mit Fisch oder auch nur Wurzelgemüse. Für die Kraftbrühe. Weil Niedrigtemperaturgaren das Ganze noch gesünder macht. Braucht im Vergleich zum Herd kaum Energie. Und man darf das Haus verlassen, während er arbeitet.

MÖRSER

Gewürze sind Medizin. Gewürzmischungen traut der Paleo meist nicht. Mörsert man sich lieber selbst. Hochwertige getrocknete Gewürze bekommt man einzel verpackt im guten Bioladen oder online und kann daraus eigene Gewürzmischungen herstellen.

> Fürs selbst gebackenes Eiweißbrot nimmt man zum Beispiel je 2 TL Kümmel, Anis, Fenchel und Koriander. Alles zusammen in einen Mörser geben und bis zur gewünschten Konsistenz zerstoßen, in einen kleinen, luftdicht verschließbaren Behälter abfüllen und kühl lagern. Am besten so oft wie möglich frisch zubereiten. Anis regt unsere Verdauungsdrüsen an, Kümmel hilft verdauen und löst Krämpfe, Fenchel wirkt beruhigend auf den Magen-Darm-Trakt. Und Koriander hilft wunderbar entgiften.

> Vorrat für Bulletproof Coffee: 2 EL Raw-Kakao, ½ TL Zimt, 1 Stück Koriander. Den Koriander im Mörser fein zerstoßen, Zimt hinzufügen und das Ganze mit dem Kakao mischen. 1 TL dieser Mischung passt wundervoll in den Bulletproof Coffee.

SO SIEHT EIN FOREVER-SCHLANK-TAG AUS

1. AUFWACHEN – Nicht lange Nachdenken. Nur eine Tasse Tee trinken. Nun ist die beste Zeit, die nachts vom Wachstumshormon freigesetzten Fettsäuren zu verbrennen. Bewegen Sie sich 30 Minuten so, dass Ihnen die Luft nicht ausgeht, Sie sich aber richtig anstrengen. Verbrennen Sie das Fett in den Laufschuhen. In der ersten No-Carb-Woche dürfen diese Sie gemütlich spazieren tragen.

2. STARTEN Sie in den Tag mit einem Smoothie ab Seite 66. Geben Sie 2 EL Eiweißpulver hinein. Beides sorgt dafür, dass der Körper schon morgens spürt: Ich krieg, was ich brauche. Wer will, darf auch einen Becher Kraftbrühe trinken, Rezept Seite 44.

3. EIWEISSFENSTER NUTZEN – Nach dem Sport haben die Muskeln Eiweißhunger. Sie lagern das Eiweiß dreimal so schnell ein. Gute Zeit für den Protein-Shake, oder eine Tablette mit allen acht lebenswichtigen Aminosäuren.

4. KAISERS GESUNDES FRÜHSTÜCK Wer will, kann sich natürlich auch eines der leckeren »Hallo, Wach's« ab Seite 54 zu Gemüte führen. Die Carbs fließen aufs Konto. Unbedingt, probieren: Feta-Frühstück, Frischkäse-Avocado, Eiweiß-Walnussbrot oder das provenzialische Eierfrühstück. Sie finden im Hallo-Wach-Kapitel natürlich viele leckere No-Carb- und Low-Carb-Frühstücke.

5. TRINKEN Sie täglich zwei bis drei Liter. Ideal: stilles Wasser, idealer: abgekocht. Am idealsten mit Ingwerscheiben. Oder gesund aromatisiert mit Zitrone und Minze und Erdbeeren. Oder mit einem leckeren Maracuja-Geschmack-Vitalstoff-Beutelchen.

6. NO CARB heißt, Sie bleiben unter sieben Gramm Kohlenhydrate. Die entsprechenden Rezepte sind gekennzeichnet. Ab der zweiten Woche dürfen Sie eine 30-Carb-Mahlzeit pro Tag und ab der 5. Woche bis zu 150 Gramm Kohlenhydrate am Tag essen. Werfen Sie auch mal einen Blick auf die Tabelle ab Seite 198.

7. ZUM MITNEHMEN – Die meisten Rezepte aus der »Leichten Küche« sind »To go«. Und Suppen passen wunderbar in die Thermoskanne. Auch hier gibt es von No Carb bis 30 Carbs eine mehr als interessante gaumenbestechende Auswahl.

8. MITESSER – Die meisten Rezepte sind für 2 Personen ausgelegt. Wenn Sie für die Familie, Freunde oder Gäste mitkochen, einfach die Zutatenmengen multiplizieren.

9. VORSPEISE – Machen Sie sich vor dem Essen eine große Schüssel Forever-Young-Bauernsalat (siehe Seite130), von der Vinaigrette sollten Sie immer einen Vorrat haben. Olivenöl und Essig vor dem Essen machen schlank – ganz nebenbei.

10. IHRE ENTSCHEIDUNG – Wählen Sie je nach Gusto mittags oder abends Ihre kalte oder warme Mahlzeit. Und schlemmen Sie sich durch die Gourmet-Stile: urban, asiatisch, mediterran, Landlust pur.

11. HUNGERTYPEN essen zwischen den Mahlzeiten ein paar Nüsse, ein Stück Käse – oder eines unserer Survival-Rezepte, die kein Insulin locken. Sprich mit No Carb gekennzeichnet sind. Obst höchstens ein paar Beeren oder ein Viertel sauren Apfel.

12. NASCHKATZEN – Wenn Sie, wie ich, immer mal wieder auch ganz große Lust auf ein Dessert haben, dann werden Sie ab Seite 182 fündig. Einfach an den Hauptgang anhängen.

13. WENN STRESS aufkommt, dann senken Sie den Stresshormon- und Blutzuckerspiegel atmend. Atmen Sie doppelt so lang aus wie ein und lassen Sie die Schultern fallen. Machen Sie das fünf MInuten lang.

14. EIWEISSFORMEL – Wichtig: Wenn Sie nicht auf Ihr Eiweiß von zwei Gramm pro Kilogramm Körpergewicht kommen, dann ergänzen Sie selbstständig mit einem guten Eiweißkonzentrat oder freien Aminosäuren.

15. LAST BUT NOT LEAST – Genießen Sie! Die Schwarzwälder Kirschtorte finden Sie auf Seite 196. Einen guten Appetit!

Überlebenswichtig!

BASICS

Jeder Carbler braucht sie: Survival-Rezepte, die man zubereitet, wenn man Zeit hat – und dann genießt, wenn das Leben mal wieder davonläuft. Das tut es doch sooooo oft. Morgens verschlafen. Das Knuspermüsli rettet einen. Der Heißhunger auf Süßes überfällt im Auto. Macht nix, in der Tasche stecken Sahne-Schoko-Bonbons. Abends hat der Supermarkt zu. Daheim wartet aber schon das Walnuss-Pesto. Alles freilich magic zur Figur. Wie alle unsere Basics ...

»Wer nicht genießt,
ist ungenießbar.«

Konstantin Wecker

FRISCH

EXOTISCH

GRÜN

FRUCHTIG

DIESE BASICS VERLEIHEN FLÜGEL

1 Die größte ESS-FALLE ist die: zur entsprechenden Zeit nichts Richtiges parat zu haben. Denn dann isst man garantiert das Falsche. Richtig ist: No Carb. Für alle Lebenslagen. Nach unserem genetischen Programm (ab Seite 9). Also getreidefreies Müsli, getreidefreies Eiweißbrot, einen Proteinriegel als Snack, ein Eis in der Tiefkühltruhe, ein Pesto für Kelpnudeln gegen den Abendhunger, ein Kimchi als Antipasti. Für den Krimi-Abend geröstete Würznüsse, Gemüsechips, eingelegte Oliven. Und ein Schokobonbon gegen den Stress.

2 ZAUBERMITTEL BRÜHE: Knochenbrühe ist der US-Trend. Sie hält jung, stärkt Knochen und Immunsystem, hält schlank, macht schnell satt – und kittet die Löcher im Darm. Da sollte man täglich einen Becher trinken. Oder zwei. Und wer es lieber Veggie mag, der nimmt eben Gemüsebrühe. Und glaubt einfach fest dran. Oder ergänzt diese mit einem guten Aminosäurepräparat.

3 MEHR EIWEISS: Wie kriegt man mehr vom schlank machenden Eiweiß in seinen Alltag? Indem man sich ein gutes, neutral schmeckendes Eiweißkonzentrat besorgt, und einige Basics damit anreichert. Den Riegel mit Eiweiß macht, sich Pekan-Goji-Taler mit Eiweiß bäckt, das Eiweißbrot damit knetet.

4 MEHR ENERGIE: Stress. Gehirn matschig. Genervt. Keine Lust auf gar nichts. Dann greift man in unsere süße No-Carb-Kiste und nascht Mandelriegel, Goji-Taler, Sahnebonbons, Aprikosen-Balls, Frozen Joghurt. Und schon wandern die Mundwinkel mit der Laune nach oben.

5 GEWOHNHEITEN HULDIGEN ... darf man auch. Ein Brötchen mit Marmelade. Geht doch nicht? Doch. Mit dem Mohn-Mandel-Brötchen und der Beeren-Chia-Konfitüre. Und da mag man schon staunen, wie lecker das schmeckt!

6 VITALSTOFF TRICKSEN: Als Basic hat man als Low Carbler immer zu Hause: Avocado, Kokosmilch, eine Limette, Ingwer und Kurkuma – und ein gutes Vitamin-Mineralien-Präparat mit 32 lebenswichtigen Stoffen. Das kann man sich morgens wunderbar unter den Smoothie schmuggeln – da springt man in den Tag. Da schlurft man nicht. Rezepte ab Seite 54.

Quattro

Survival-Rezepte für immer und überall

Mitten im Kreativprozess, die Energie geht aus – kein Problem mit unserem High-Protein-Mandelriegel. Naschkatzen machen die Power-Balls fröhlich. Für die Hundstage wartet ein Beereneis in der Truhe, für die Sonntage Mohn-Mandel-Brötchen. Den unerwarteten Abendhunger stillt ein Sugo all' arrabbiata auf No-Carb-Kelpnudeln. Gesund snacken darf man auch Weißkohl-Kimchi oder marinierte grüne Oliven. Da bleibt nur noch eines zu sagen: Guten Appetit!

High-Protein-Mandelriegel

Zutaten für 12 Stück

60 g feines Lupinenschrot (aus dem Reformhaus)
20 g gehackte Mandeln
30 g Mandelmus
3 EL ungesüßter Mandeldrink
2 EL Eiweißpulver
1 Eiweiß (von 1 Ei)
20 g Kokosmehl
2 EL Kokosblütenzucker

Pro Stück ca. 5 g EW, 3 g KH

NC NOCARB

1 Das Lupinenschrot mit 125 ml heißem Wasser übergießen und 5 Minuten quellen lassen.

2 Den Backofen auf 160 Grad vorheizen. Das Lupinenschrot in eine Schüssel geben und mit Mandeln und Mandelmus mit einer Gabel gut vermengen. Mandeldrink, Eiweißpulver, Eiweiß, Kokosmehl und Kokosblütenzucker hinzufügen und mit den Schneebesen des Handmixers gründlich verrühren.

3 Ein Blech mit Backpapier auslegen. Den Teig darauf verteilen und mit einem Spatel etwa 1 cm hoch zu einem Rechteck von etwa 12 x 20 cm verstreichen. Im heißen Ofen (Mitte) 20-25 Minuten goldbraun backen. Etwas abkühlen lassen, dann in 12 gleich große Riegel schneiden. Auf dem Blech vollständig abkühlen lassen. Luftdicht lagern.

Zubereitung: 20 Minuten, einweichen: 20 Minuten, backen: 20-25 Minuten

Pekan-Goji-Taler

Zutaten für 30 Stück

100 g Pekannusskerne
60 g Kürbiskerne
60 g Sonnenblumenkerne
40 g Pinienkerne
40 g Sesamsaat
40 g getrocknete Gojibeeren
1 Eiweiß (von 1 Ei)
1 EL Agavendicksaft

Pro Stück ca. 2 g EW, 3 g KH

NC NOCARB

1 Die Pekannuss- und Kürbiskerne grob hacken. Beide mit den Sonnenblumen- und Pinienkernen und dem Sesam mischen. Die Gojibeeren fein hacken und dazugeben.

2 Das Eiweiß und den Agavendicksaft mit dem Schneebesen des Handmixers etwa 1 Minute schaumig schlagen. Den Kernemix zufügen und mit dem Kochlöffel gründlich untermischen.

3 Den Backofen auf 130 Grad vorheizen. Ein Backblech mit Backpapier belegen, die Kernemischung mit einem Teelöffel als kleine Häufchen daraufsetzen, vorsichtig flach drücken. Im heißen Ofen (Mitte) in 30-40 Minuten goldbraun backen. Auf dem Blech vollständig abkühlen lassen. In einer Dose luftdicht lagern.

Zubereitung: 15 Minuten, backen: 30-40 Minuten

Aprikosen-Power-Balls

Zutaten für 15 Stück

6 getrocknete Aprikosen (60 g)
2 getrocknete Soft-Datteln
20 g getrocknete Cranberries
40 g Walnusskerne
40 g Haselnüsse
30 g Kokosöl
1 EL Chiasamen
1 EL Kokosmus (aus dem Bioladen)
½ TL gemahlener Zimt
30 g Kokosraspel

Pro Stück ca. 1 g EW, 4 g KH

1 Aprikosen, Datteln und Cranberries grob würfeln. Mit den Wal- und Haselnüssen in den Blitzhacker geben und fein zerkleinern.

2 Das Kokosöl erhitzen, bis es flüssig wird. Vom Herd nehmen. Den Aprikosen-Nuss-Mix mit Kokosöl, Chiasamen, Kokosmus und Zimt in einer Schüssel gut vermengen. Mit angefeuchteten Händen aus der Masse 15 kleine Kugeln formen.

3 Die Kokosraspel auf einen Teller geben, die Bällchen rundherum darin wälzen und die Kokosraspel leicht andrücken. Im Kühlschrank etwa 1 Stunde ruhen lassen. Luftdicht verpacken und kühl lagern. So halten sich die Power-Kugeln circa 2 Wochen.

Zubereitung: 25 Minuten, ruhen: 1 Stunde

NC NOCARB

Sahne-Schoko-Bonbons

Zutaten für 24 Stück

125 ml Sahne
100 g Kokosblütenzucker
2 EL Stevia-Streusüße
30 g Butter
1 EL schwach entöltes Kakaopulver
1 TL gemahlene Vanille
Butter für die Form

Pro Stück ca. 1 g EW, 4 g KH

1 Sahne, Kokosblütenzucker und Stevia mit Butter, Kakao und Vanille in einen kleinen schweren Topf geben und unter Rühren zum Kochen bringen. Die Bonbonmasse bei mittlerer Hitze etwa 30 Minuten köcheln lassen, bis sie zähflüssig wird, dabei immer wieder gut durchrühren. Dann die Masse vom Herd nehmen und noch mal kräftig mit dem Schneebesen des Handmixers schlagen.

NC NOCARB

2 Eine kleine Auflaufform mit Butter einfetten, die Masse hineingießen und mit einem Löffel glatt streichen. An einem kühlen Ort etwa 2 Stunden auskühlen lassen. Mit einem scharfen Messer vorsichtig in mundgerechte Stücke schneiden.

Zubereitung: 45 Minuten, plus abkühlen

TIPP Für Sahne-Karamell-Bonbons den Kakao durch das ausgekratzte Mark einer Vanilleschote und 1 Msp. Zimt ersetzen.

Eiweiß-Walnuss-Brot

Zutaten für 1 Laib von ca. 600 g
Ergibt 12 Scheiben (à 50 g)

100 g Walnusskerne
50 g geschroteter Leinsamen
75 g Haferkleie
50 g geschmacksneutrales Eiweißpulver
1 TL Weinstein-Backpulver
1 ½ TL Meersalz
1 EL Brotgewürz-Mischung
2 Eier
250 g Magerquark
1 TL Leinsaat zum Bestreuen

Pro Scheibe ca. 11 g EW, 5 g KH

1 Eine kleine Kastenform (21 cm Länge) mit Backpapier auslegen. Den Backofen auf 200 Grad vorheizen. Die Walnüsse hacken, zwei Drittel davon mit dem geschroteten Leinsamen, Haferkleie, Eiweißpulver, Backpulver, Salz und Brotgewürz mischen. Eier und Quark in einer Schüssel mit dem Schneebesen des Handrührgeräts glatt verrühren. Die Walnuss-Mischung unter den Quark rühren und alles etwa 10 Minuten quellen lassen.

2 Den Teig (er ist ziemlich feucht!) in die vorbereitete Backform füllen. Mit den restlichen Nüssen und der Leinsaat bestreuen, leicht andrücken. Auf dem Rost im heißen Ofen (Mitte) etwa 40 Minuten backen.

3 Das Brot aus dem Ofen nehmen und zuerst auf einem Kuchengitter etwa 15 Minuten abkühlen lassen, dann aus der Form stürzen und vollständig abkühlen lassen. Im Kühlschrank hält es sich etwa 1 Woche.

Zubereitung: 20 Minuten, backen: 40 Minuten, plus abkühlen

TIPP Für den Vorrat das Brot in Scheiben schneiden und portionsweise in Gefrierbeuteln einfrieren.

NC
NOCARB

»ICH HABE EINEN GANZ EINFACHEN GESCHMACK, ICH BIN IMMER MIT DEM BESTEN ZUFRIEDEN.«

Oscar Wilde

Beeren-Chia-Konfitüre

Zutaten für 2 Gläser (à 250 ml)
Ergibt 25 Portionen (à 20 g)

450 g gemischte Beeren (z.B. Heidelbeeren, Himbeeren, rote und schwarze Johannisbeeren)
2 EL Kokosblütenzucker
1-2 EL Stevia-Streusüße
1 Vanilleschote
4 EL Chiasamen

Pro Portion ca.
1 g EW, 2 g KH

1 Die Beeren waschen, putzen und verlesen. Zusammen mit dem Kokosblütenzucker in ein hohes Gefäß geben und mit dem Schneidstab fein pürieren. Bei Bedarf noch mit 1-2 EL Stevia abschmecken.

2 Die Vanilleschote längs aufschneiden, das Mark herauskratzen, mit den Chiasamen zum Beerenpüree geben und gründlich untermischen. Das Fruchtmus in saubere, heiß ausgespülte Schraubdeckelgläser füllen und über Nacht im Kühlschrank quellen lassen. Sie hält sich gekühlt 3-4 Tage.

Zubereitung: 10 Minuten, quellen: 8 Stunden oder über Nacht

TIPP Konfitüre klappt auch super mit anderen Beeren wie Stachel-, Brom- und Erdbeeren oder mit einer tiefgekühlten Beerenmischung. Diese vor dem Pürieren auftauen lassen.

Low-Carb-Knuspermüsli

Zutaten für 600 g
Ergibt 20 Portionen
(à 30 g)

200 g Kokosraspel
100 g gehackte Mandeln
50 g gehackte Walnüsse
50 g Sonnenblumenkerne
50 g gehackte Pistazien
50 g Mandelmehl
3 Eiweiß
2 EL flüssiger Akazienhonig

Pro Portion ca. 4 g EW, 4 g KH

NC NOCARB

1 Den Backofen auf 130 Grad vorheizen. Die Kokosraspel mit gehackten Mandeln, Walnüssen, Sonnenblumen- und Pistazienkernen sowie Mandelmehl in einer Schüssel mischen.

2 Das Eiweiß und den Honig in einer großen Schüssel mit einem Schneebesen gut verrühren. Die Nussmischung mit einem Kochlöffel gründlich untermischen, dabei noch 3-4 EL lauwarmes Wasser unterrühren. Den Müslimix auf ein mit Backpapier belegtes Blech geben und im heißen Ofen (Mitte) etwa 1 Stunde backen, bis er goldgelb ist. Zwischendurch die Masse wenden, damit sie gleichmäßig braun wird.

3 Die Müslimischung auf dem Blech vollständig abkühlen lassen und in einem trockenen Vorratsgefäß dunkel lagern. Mit Joghurt oder Milch und frischen Beeren zum Frühstück servieren.

Zubereitung: 10 Minuten, backen: 1 Stunde

Mohn-Mandel-Brötchen

Zutaten für 12 Stück

60 g Chiasamen
30 g Flohsamenschalen
100 g Mandelmehl
50 g Lupinenmehl
2 TL Weinstein-Backpulver
½ TL Salz
200 ml Buttermilch
2 Eier
1 EL Mohnsamen

Pro Stück ca. 7 g EW, 4 g KH

NC NOCARB

1 Die Chiasamen, Flohsamenschalen, Mandel- und Lupinenmehl mit dem Backpulver und Salz in einer Schüssel mit dem Schneebesen verrühren.

2 Die Buttermilch, Eier und 250 ml Wasser verrühren. Die Chia-Mehl-Mischung nach und nach mit den Quirlen des Handmixers gründlich unter die Buttermilchmischung rühren, etwa 10 Minuten abgedeckt quellen lassen.

3 Den Backofen auf 200 Grad vorheizen. Ein Backblech mit Backpapier belegen. Den Teig mit zwei angefeuchteten Esslöffeln oder einem Eisportionierer in 12 Portionen auf das vorbereitete Blech setzen. Mit den Mohnsamen bestreuen und im Ofen (Mitte) 20-25 Minuten backen. Brötchen auf einem Kuchengitter abkühlen lassen. Nach Belieben portionsweise einfrieren.

Zubereitung: 30 Minuten, backen: 20-25 Minuten

Frozen Beeren-Joghurt-Eis

Zutaten für ca. 700 ml
Ergibt 12 Portionen
(à 60 ml)

300 g frische Himbeeren oder Erdbeeren
300 g Kokosjoghurt natur
2 EL Kokosblütenzucker
2 EL Limettensaft
125 ml Sahne
einige Minzeblättchen zum Garnieren

Pro Portion ca. 1 g EW, 5 g KH

NC NOCARB

1 Himbeeren verlesen, nur wenn nötig kurz abbrausen und einige Himbeeren als Verzierung beiseitelegen. Übrige Himbeeren in ein hohes Gefäß oder in den Standmixer geben. Joghurt, Kokosblütenzucker und Limettensaft dazugeben und alles mit dem Schneidstab oder im Mixer pürieren, bis eine cremige Eismasse entsteht.

2 Sahne steif schlagen und unter die Creme heben. In die Eismaschine füllen und in etwa 30 Minuten cremig gefrieren lassen. Oder die Eismasse in eine gefrierbeständige Form füllen und im Gefrierfach mindestens 3 Stunden cremig frieren lassen, dabei alle 30 Minuten kräftig rühren. Zum Servieren mit einem Eisportionierer Kugeln abstechen, in Dessertschalen anrichten und mit den übrigen Himbeeren und Minze garnieren.

3 Zum Aufbewahren die Eismasse in einen Eisbehälter füllen und völlig gefrieren lassen und vor dem Servieren mindestens 30 Minuten antauen lassen.

Zubereitung: 15 Minuten, gefrieren: 30 Minuten (in der Eismaschine) oder 3 Stunden (im Tiefkühler)

VARIANTE Für Rhabarber-Joghurt-Eiscreme 300 g Rhabarber waschen, putzen, schälen und in etwa 1 cm große Stücke schneiden. Mit 2 EL flüssigem Akazienhonig und 2 EL Wasser bei milder Hitze zugedeckt etwa 5 Minuten dünsten, bis der Rhabarber zerfällt. Vom Herd nehmen und abkühlen lassen, dann mit 400 g griechischem Sahnejoghurt, 1 EL Zitronensaft und ¼ TL gemahlenem Zimt in einem hohen Gefäß mit dem Schneidstab oder im Mixer pürieren. Wie beschrieben in der Eismaschine oder im Tiefkühler gefrieren lassen.

Weißkohl-Kimchi

NC NOCARB

Zutaten für 3 Gläser (à 500 ml)
Ergibt 8 Portionen (à 200 g)

1 Kopf Weißkohl (ca. 1,2 kg)
1 EL grobes Meersalz
2 Knoblauchzehen
1 kleine weiße Zwiebel
1 säuerlicher Apfel (z.B. Elstar)
1 Stück Ingwer (ca. 2 cm)
½ EL Fischsauce
½ EL asiatisches Chilipulver
1 Frühlingszwiebel

Pro Portion ca. 2 g EW, 9 g KH

1 Den Kohl waschen, putzen, in breite Spalten schneiden, den Strunk entfernen. Kohlspalten in fingerbreite Streifen schneiden. In einer großen Schüssel mit dem Salz mischen und etwa 20 Minuten ziehen lassen. Dann in einem Sieb kurz kalt abbrausen und abtropfen lassen.

2 Knoblauch und Zwiebel abziehen und grob zerteilen. Apfel waschen, vierteln, entkernen und in Stücke schneiden. Ingwer schälen und würfeln. Alles mit Fischsauce und Chilipulver in den Blitzhacker geben und zu einer cremigen Paste verarbeiten.

3 Frühlingszwiebel waschen, putzen und in feine Scheiben schneiden, mit der Würzpaste vorsichtig unter den Kohl heben. Den Mix portionsweise in große Marmeladen- oder Einmachgläser füllen, fest zusammendrücken. Gläser im Kühlschrank etwa 2 Tage reifen lassen. Kimchi hält sich gekühlt 2-3 Wochen.

Zubereitung: 25 Minuten, marinieren: 20 Minuten, reifen: 2 Tage

Petersilien-Walnuss-Pesto

Zutaten für 1 Glas (à 200 ml)
Ergibt 6 Portionen (à 30 g)

1-2 Bund Petersilie (ca. 100 g Petersilienblätter)
4 Basilikumblätter
1 kleine Knoblauchzehe
30 g Walnusskerne
1 TL Zitronensaft
2 EL Walnussöl, 5 EL Olivenöl
20 g geriebener Parmesan
Salz, schwarzer Pfeffer

Pro Portion ca. 3 g EW, 2 g KH

1 Die Petersilie abbrausen, trocken schütteln, Blätter von den Stielen zupfen und hacken. Basilikumblätter abreiben und ebenfalls hacken. Knoblauchzehe abziehen und fein würfeln. Nüsse grob hacken und in einer trockenen Pfanne ohne Fett rösten. Vom Herd nehmen und abkühlen lassen.

2 Petersilie, Basilikum, Knoblauch, geröstete Nüsse und Zitronensaft in den Blitzhacker oder ein hohes Rührgefäß geben und fein pürieren, dabei nach und nach das Walnuss- und Olivenöl untermixen. Dann den Parmesan untermischen. Das Pesto mit Salz und Pfeffer abschmecken und in ein verschließbares Glas füllen. Es bleibt im Kühlschrank gut eine Woche aromatisch.

Zubereitung: 20 Minuten

NC NOCARB

Antipasti-Gemüse

Zutaten für 800 g
Ergibt 4 Portionen (à 200 g)

1 Fenchelknolle (ca. 300 g)
Je 1 rote und gelbe Paprikaschote (à ca. 250 g)
2 junge Zucchini (ca. 300 g)
2 rote Zwiebeln
2 Knoblauchzehen
2 Zweige Rosmarin
3 EL Olivenöl
Salz, schwarzer Pfeffer
2 EL Aceto balsamico
2 EL Zitronensaft
3 Stiele Basilikum

Pro Portion ca. 4 g EW, 15 g KH

1 Den Backofen auf 200 Grad vorheizen. Fenchel waschen, putzen, Fenchelgrün beiseitelegen, Strunk herausschneiden. Fenchel längs vierteln. Die Paprika vierteln, entkernen, waschen und in 3-4 cm große Stücke schneiden. Zucchini waschen, putzen und in etwa ½ cm dicke Scheiben schneiden. Zwiebeln abziehen und in Spalten schneiden. Knoblauch schälen und in Scheiben schneiden. Rosmarin kurz abbrausen.

2 Gemüse, Knoblauch und Rosmarin in einer Schüssel mit dem Olivenöl mischen, salzen und pfeffern. Auf ein Backblech geben und im heißen Ofen (Mitte) etwa 25 Minuten backen, dabei ein- bis zweimal wenden. Etwa 5 Minuten vor Ende der Garzeit das Gemüse mit Essig und Zitronensaft ablöschen.

3 Gemüse aus dem Ofen nehmen und abkühlen lassen. Basilikum abzupfen, mit dem Fenchelgrün hacken und auf das Gemüse streuen. Die Antipasti schmecken warm oder kalt – pur oder als Beilage. Im Kühlschrank halten sie sich 2-3 Tage.

Zubereitung: 20 Minuten, backen: 25 Minuten

Sugo all´arrabbiata

Zutaten für 2 Gläser (à 300 ml), Ergibt 4 Portionen (à 150 ml)

1 kg reife Tomaten
1 Zwiebel
2 Knoblauchzehen
2 rote Peperoni
2 EL Olivenöl
50 ml Gemüsebrühe
Salz, schwarzer Pfeffer

Pro Portion ca. 3 g EW, 8 g KH

NC NOCARB

1 Die Tomaten waschen, mit kochendem Wasser überbrühen, abschrecken und häuten. Dann die Tomaten halbieren, entkernen und klein schneiden. Zwiebel und Knoblauch abziehen und fein würfeln. Peperoni abbrausen, putzen und fein hacken.

2 Das Öl in einem breiten Schmortopf erhitzen. Zwiebel, Knoblauch und Peperoni darin kurz andünsten. Dann die Tomaten und Brühe hinzufügen und alles etwa 20 Minuten bei mittlerer Hitze ohne Deckel einköcheln lassen. Mit Salz und Pfeffer abschmecken.

3 Den Sugo kochend heiß in saubere Gläser füllen, mit dem Schraubdeckel fest verschließen. Abkühlen lassen, dann im Kühlschrank aufbewahren. Der Sugo hält sich 3-4 Wochen.

Zubereitung: 25 Minuten, garen: 20 Minuten, *Bild Seite 28*

Himbeer-Vitamin-Booster

Zutaten für 3 Portionen (à 250 ml)

½ Bio-Limette
80 g TK-Himbeeren
1 Beutel Vitamineral 32 Maracuja (24,4 g)
100 ml ungesüßte Kokosmilch
500 ml Mineralwasser
4 Eiswürfel oder crushed ice

Deko:
4 Himbeeren
2 Holzspießchen
einige Minzeblättchen zum Garnieren

Pro Portion ca. 1 g EW, 3 g KH

1 Die Limette in kleine Stücke schneiden, mit den Himbeeren, Vitamineral, Kokosmilch und Wasser in ein hohes Mixgefäß geben und alles im Mixer oder mit dem Schneidstab pürieren.

2 Die Eiswürfel hinzufügen (bitte nur, wenn Sie einen Hochleistungsmixer haben, sonst nicht!) und gut durchmixen. Ansonsten crushed ice dazugeben. Den Drink in zwei Gläser füllen. Je zwei Himbeeren auf ein Spießchen stecken und auf den Glasrand legen, mit 1-2 Minzeblättchen garnieren.

Zubereitung: 10 Minuten

VARIANTE 1: Green-Peace-Match-Shake

Für 2 Portionen (à 250 ml) 125 g Salatgurke schälen, in Stücke schneiden und mit 2 EL Zitronensaft, 1 Beutel (24,4 g) Vitamineral 32 Maracuja, 2 TL Matchapulver, je 6 Blätter Minze- und Basilikum, 100 ml ungesüßter Mandelmilch und 200 ml Mineralwasser im Mixer oder mit dem Schneidstab fein pürieren. 4 Eiswürfel oder crushed ice dazugeben, noch mal durchmixen. Drink in Gläser füllen, mit je 1 Gurkenscheibe garnieren.

VARIANTE 2: Exotical Vitamin-Shot

Für 2 Portionen (à 250 ml) ½ säuerlichen Apfel und 4 Kumquats klein schneiden. Mit 10 g Ingwer und 5 g Kurkumawurzel (beides klein gewürfelt), 1 Beutel (24,4 g) Vitamineral 32 Maracuja, 100 g ungesüßtem Kokosjoghurt, 200 ml Kokoswasser oder Mineralwasser im Mixer oder mit dem Schneidstab fein pürieren. 4 Eiswürfel oder crushed ice dazugeben, noch mal durchmixen. Drink in Gläser füllen, je 2 Kumquatscheiben an den Glasrand stecken.

NC NOCARB

Geröstete Würznüsse

Zutaten für 8 Portionen (à 30 g)

1 Eiweiß (von 1 Ei)
1 TL flüssiger Akazienhonig
½ EL Rapsöl
100 g geschälte Mandelkerne
50 g Pekan- oder Walnüsse
50 g Cashewkerne
50 g Macadamianüsse
1 getrocknete rote Chilischote, 1 TL rosenscharfes Paprikapulver, ½ TL Curry
½ TL Meersalz

Pro Portion ca.
5 g EW, 4 g KH

NC NOCARB

1 Den Backofen auf 180 Grad vorheizen. Das Eiweiß mit Honig und Öl in einer Schüssel mit einer Gabel leicht verschlagen. Mandelkerne und alle Nüsse dazugeben und darin wenden, bis sie gleichmäßig überzogen sind. Die Chili zerbröseln, mit Paprikapulver, Curry und Salz mischen und die Nüsse darin wälzen.

2 Ein Backblech mit Backpapier auslegen, die Würznüsse darauf verteilen und im Ofen (Mitte) in 8-10 Minuten goldbraun rösten. Auf dem Blech abkühlen lassen. Dann in eine Dose oder ein Schraubglas füllen und dunkel aufbewahren. Sie halten sich 1-2 Wochen.

Zubereitung: 20 Minuten, backen: 8-10 Minuten

TIPP Mischen Sie je 1 TL gemahlenen Kreuzkümmel und Koriander mit ½ TL Nelkenpulver, etwas Cayennepfeffer und ½ TL Meersalz und wälzen Sie die mit Eiweiß überzogenen Nüsse vor dem Backen darin.

Marinierte grüne Oliven

Zutaten für 6 Portionen (à 40 g)

200 g grüne Oliven (mit Stein)
1 kleine rote Chilischote
2 Knoblauchzehen
½ Bund Basilikum
2 EL Zitronensaft
2 EL Olivenöl
schwarzer Pfeffer

Pro Portion ca.
1 g EW, 1 g KH

1 Die Oliven mit einem kleinen Messer einschneiden und in eine Schüssel geben. Die Chilischote abbrausen, putzen, längs halbieren, entkernen, waschen und fein würfeln. Knoblauchzehen abziehen und ebenfalls fein würfeln. Basilikum abbrausen, trocken schütteln, die Blätter abzupfen und grob hacken. Alle drei würzenden Zutaten zu den Oliven geben.

2 Zitronensaft, Olivenöl und Pfeffer verrühren, über die Oliven träufeln und alles gut vermischen. Im Kühlschrank abgedeckt 24 Stunden ziehen lassen. Sie halten sich etwa 1 Woche.

Zubereitung: 20 Minuten, marinieren: 24 Stunden

TIPP Auch fein: Die Hälfte der grünen durch schwarze Oliven ersetzen und zusätzlich noch 1 EL fein gehackte Mandeln untermischen.

Gemüsechips

Zutaten für ca. 140 g
Ergibt 7 Portionen
(à 20 g)

100 g Topinambur
1 Pastinake (ca. 100 g) oder
100 g Knollensellerie
1 Möhre (ca. 100 g)
2 TL Olivenöl
Meersalz

Pro Portion ca. 3 g EW,
1 g KH

1 Den Backofen auf 200 Grad vorheizen. Topinambur, Pastinake oder Sellerie und Möhre putzen und schälen oder waschen und mit einem Gemüsehobel in sehr feine Scheiben schneiden. Ein Backblech mit Backpapier auslegen und mit dem Öl einstreichen. Die Gemüsescheiben darauf verteilen und im heißen Ofen (Mitte) in etwa 10 Minuten knusprig backen.

2 Die Chips aus dem Ofen nehmen und auf dem Blech abkühlen lassen, mit Salz bestreut servieren. Die Chips luftdicht verschlossen aufbewahren. Nach Belieben einen Quark- oder Avocado-Dip zu den Gemüsechips servieren.

Zubereitung: 20 Minuten, backen: 10 Minuten

VARIANTE Für Apfelchips 2 Äpfel mit dem Gemüsehobel in dünne Scheiben schneiden, auf einem Backblech mit 1-2 EL Zitronensaft beträufeln, bei 70 Grad etwa 3 Stunden backen.

Rinderknochenbrühe

Zutaten für ca. 2 Liter
Ergibt 4 Portionen

1,5 kg Rinderknochen, teilweise mit Fleisch und Fett (z.B. Beinscheibe, Ochsenschwanz, 3-4 Markknochen, Gelenke)
2 EL Apfelessig
1 TL schwarze Pfefferkörner
je 5 Wacholder- und Pimentkörner
4 Gewürznelken
2 Lorbeerblätter
3 Stiele Thymian
1 Zweig Rosmarin
1 große Möhre
100 g Knollensellerie
100 g Petersilienwurzel
1 Stange Lauch (ca. 200 g)
1 große Zwiebel
3-4 Knoblauchzehen
5 Stiele Petersilie

Pro Portion ca. 6 g EW, 0,5 g KH

1 Die Knochen kalt abbrausen, in einen großen Topf geben und mit 3 ½ Liter kaltem Wasser auffüllen. Essig, Gewürze und Kräuter dazugeben. Alles bei mittlerer Hitze aufkochen und bei milder Hitze etwa 5 Stunden kurz unterhalb des Siedepunkts ohne Deckel köcheln lassen, zwischendurch den Schaum mit einer Schaumkelle abschöpfen – die Brühe wird dann klarer.

2 Inzwischen Möhre, Sellerie und Petersilienwurzel putzen und schälen und grob würfeln. Lauch waschen, putzen, das Weiße und Hellgrüne in etwa 2 cm breite Scheiben schneiden. Die Zwiebel ungeschält halbieren und mit den Schnittflächen nach unten in einer heißen Pfanne etwa 4 Minuten dunkelbraun rösten, vom Herd nehmen. Knoblauchzehen abziehen. Petersilie abbrausen.

3 Gemüse, Zwiebel, Knoblauch und Petersilie zum Fleisch in den Topf geben und weitere 45 Minuten bei milder Hitze köcheln lassen. Zwischendurch die Brühe abschäumen.

4 Die fertige Brühe durch ein mit einem Küchentuch ausgelegtes feines Sieb in einen zweiten Topf gießen und bei starker Hitze auf etwa 2 Liter einkochen lassen. Heiß in saubere Gläser mit Schraubdeckel füllen, verschließen und abkühlen lassen. Im Kühlschrank hält sich die Brühe 2-3 Wochen.

Zubereitung: 30 Minuten, garen: 6 Stunden

TIPP Das Mark aus den Knochen drücken, das Fleisch vom Knochen ablösen und als Suppeneinlage verwenden. Die Knochenbrühe eignet sich prima als Basis für kräftige Suppen und Eintöpfe.

NC
NOCARB

Gemüsebrühe

Zutaten für ca. 2 Liter
Ergibt 4 Portionen

3 Möhren
½ Kohlrabi
200 g Knollensellerie
1 Stange Lauch
1 Stück Ingwer (ca. 2 cm)
1 Zwiebel
2 Knoblauchzehen
1 TL schwarze Pfefferkörner
5 Wacholderbeeren
2 Lorbeerblätter
½ Bund Petersilie
2 Stiele Liebstöckel
1 EL Zitronensaft

Pro Portion ca.
1 g EW, 0 g KH

NC NOCARB

1 Möhren, Kohlrabi und Sellerie putzen, schälen und würfeln. Lauch waschen, putzen, weiße und hellgrüne Teile in 2 cm breite Stücke schneiden. Ingwer schälen und in Scheiben schneiden. Zwiebel ungeschält halbieren und mit den Schnittflächen nach unten in einer trockenen Pfanne ohne Fett in etwa 4 Minuten dunkel rösten. Knoblauchzehen abziehen und grob hacken.

2 Das vorbereitete Gemüse, Ingwer, Zwiebel und Knoblauch mit Pfeffer- und Wacholderbeeren sowie Lorbeer in einen großen Topf geben und mit 2 Liter kaltem Wasser aufgießen. Langsam zum Kochen bringen. Petersilie und Liebstöckel abbrausen und ebenfalls dazugeben. Dann die Hitze reduzieren und die Suppe bei halb aufgelegtem Deckel 2-3 Stunden bei milder Hitze kochen lassen, dabei immer wieder abschäumen.

3 Die fertige Brühe durch ein mit einem Küchentuch ausgelegtes Sieb in einen zweiten Topf gießen. Das Gemüse entfernen. Die Brühe mit Zitronensaft abschmecken. Noch heiß in saubere Twist-Off-Gläser abfüllen, fest verschließen und abkühlen lassen. Im Kühlschrank hält sich die Brühe 2-3 Wochen.

Zubereitung: 30 Minuten, garen: 2-3 Stunden

TIPP Sie können die fertige Brühe auch noch 30 bis 45 Minuten bei starker Hitze einkochen lassen und portionsweise in kleinen gefrierbeständigen Behältern einfrieren und bei Bedarf auftauen. So haben Sie jederzeit einen Gemüsefond für Suppen, Saucen und Gemüsegerichte parat.

Lecker & leicht

HALLO, WACH!

Früher kam der Bauer vom Feld, nach sieben Stunden schwerer Muskelarbeit. Dann hat er gefrühstückt. Getreidebrei. Kartoffeln. Brot. Damit hat er seine leeren Kohlenhydrattanks aufgefüllt. Dürfen Sie freilich auch. Wenn Sie denn vorher auf dem Feld waren. Wenn nicht, dann sind Sie auf den folgenden Seiten mit unseren No-Carb- und Slow-Carb- und Low-Carb-Starts-in-den-Morgen gut aufgehoben. Vom fruchtigen Smoothie über Ei-Herrlichkeiten aus Pfanne, Ofen oder Glas bis zum kernigen Granola.

»Die Arbeit kann warten, das Frühstück nicht.«

Sprichwort

EIIG

FRISCH

SAHNIG

FRUCHTIG

HALLO, WACH! SIEBENMAL GOLD IM MUND

1 Nicht schon morgens die FETTVERBRENNUNG STOPPEN, in die Zuckerfalle tappen. Sonst steckt man den ganzen Tag drin. Die heißt üblicherweise Müsli, die heißt Obstsalat, die heißt Marmeladenbrot. Wir haben die Fallen entzuckert – und drum dürfen sie genossen werden. Wie das Knuspermüsli mit Obst und Skyr auf Seite 60.

2 Hier darf man CLEVER ENERGIE TANKEN! Man kombiniert eine kleine Portion der »guten« Kohlenhydrate aus Hülsenfrüchten, körnerfreiem Müsli, Gemüse und saurem Obst mit einer großen Portion satt machendem Eiweiß aus Ei, Quark, Joghurt, Fisch, magerem Fleisch und Tofu. Oder genießt den Morgen-No-Carb – mit Eiweiß pur.

3 Wenn morgens Carbs, dann SLOW CARBS, also komplexe Kohlenhydrate, die langsam vom Stoffwechsel verarbeitet werden – Hülsenfrüchte, Gemüse und saure Früchte. Sie enthalten viele Ballaststoffe, die satt machen – das Gegenteil von Zucker. Auch bei Nüssen, Kernen und Samen beherzt zugreifen.

4 Ein körnerfreies MORGENMÜSLI ist die perfekte Alternative zum klassischen Müsli mit Vollkorngetreide und Flocken – garantiert glutenfrei und gut bekömmlich.

5 Ich will aber SÜSS! Süßmittel wie Honig, Vollrohrzucker oder gedörrtes Obst darf man schon mal genießen – halt in Luxusmengen. Ein Löffelchen, eine getrocknete Frucht. Fünf Gramm Kohlenhydrate. Für ein zufriedenes Gehirn. Kaffee und Tee schmecken auch ohne Zucker. Probieren Sie mal! Da kann man sich schon dran gewöhnen.

6 Schnell zubereitet, schnell energetisiert: GRÜNER SMOOTHIE. Das ist das Ideale für Morgenmuffel. Die richtige Mixermischung für No Carbler: eine saure Frucht, eine Handvoll Beeren, vereint mit einem Berg Grünzeug wie Spinat, Salat, Gurke oder Kräutern – und Wasser. Ich-will-aber-was-Süßes-Menschen trinken den Aprikosen-Smoothie oder den Himbeer-Limetten-Lassi, Seite 67.

7 Keine Zeit fürs Frühstück? Die Lösung heißt: OVERNIGHT-MORGENMAHLZEIT. Nüsse und Kerne wie Walnüsse, Cashewkerne, Chia- oder Leinsamen schon am Vorabend in Kuhmilch, Mandel-, Kokos- oder Nussmilch einweichen und im Kühlschrank übernachten lassen. Am Morgen mit ein paar frischen Beeren, Joghurt, Quark oder Skyr zum Granola-Müsli toppen.

Fit & fettverbrennend in den Tag

Das Wort Frühstück reicht zurück bis ins 15. Jahrhundert. Und heißt nichts anderes als das frühe Stück Brot. Die Engländer nennen es Fastenbrechen – breakfast. Und wir tun hier etwas ganz Besonderes, wir wollen etwas Leckeres zu uns nehmen, aber nicht wie üblich Fastenbrechen mit dem Stück Brot. Wir halten die Fettverbrennung am Laufen mit unseren wundervollen No Carbs und Low Carbs von Frischkäse-Avocado über Asia-Omelette bis zum Grünkohl-Kokos-Smoothie.

Käse-Quark-Taler auf Radieschen

Zutaten für 2 Portionen

200 g Magerquark
2 Ziegenfrischkäsetaler
(z.B. Picandou; à 30 g)
Salz, schwarzer Pfeffer
1 Msp. Cayennepfeffer
30 g Walnusskerne
½ Bund Radieschen
4 Schnittlauchhalme

Pro Portion ca. 19 g EW,
7 g KH

NC
NOCARB

1 Den Quark in einem Tuch ausdrücken. Ziegenkäse mit einer Gabel zerdrücken und mit dem Quark vermischen. Mit Salz, Pfeffer und Cayennepfeffer würzen. Käsemasse als länglichen Streifen auf einen Bogen Pergamentpapier geben und mithilfe des Papiers zu einer Rolle formen. Etwa 30 Minuten ins Gefrierfach legen.

2 Inzwischen die Nüsse fein hacken und in einer Pfanne ohne Fett anrösten. Auf einem Teller abkühlen lassen. Radieschen waschen, putzen, in dünne Scheiben schneiden und auf zwei Tellern ausbreiten, leicht salzen. Käserolle auswickeln und rundherum in den Nüssen wälzen, dann in etwa 1 cm breite Scheiben schneiden. Käsetaler auf den Radieschen anrichten. Schnittlauch kurz abbrausen, trocken schütteln, in feine Röllchen schneiden und obendrauf streuen.

Zubereitung: 25 Minuten, kühlen: 30 Minuten

Kohlrabi-Forellen-Canapés

Zutaten für 2 Portionen

80 g geräuchertes
Forellenfilet (ohne Haut)
2 EL saure Sahne
1-2 TL geriebener
Meerrettich (aus dem Glas)
1 Spritzer Zitronensaft
Salz, schwarzer Pfeffer
3 Stiele Dill
1 Kohlrabi
1 ½ EL Keta-Kaviar

Pro Portion ca. 14 g EW,
4 g KH

NC
NOCARB

1 Das Forellenfilet zerzupfen, mit saurer Sahne und Meerrettich in einem hohen Rührgefäß grob pürieren. Mit Zitronensaft, Salz und Pfeffer abschmecken. Dill abbrausen, trocken schütteln, Dillspitzen abzupfen, hacken und bis auf wenige Zweige untermischen.

2 Kohlrabi putzen, schälen, quer in 6 knapp 1 cm breite Scheiben schneiden. Die Forellencreme kuppelartig auf die Kohlrabischeiben setzen, mit etwas Kaviar bestreuen und mit dem übrigen Dill garnieren.

Zubereitung: 20 Minuten

TIPP Dekorative Variante fürs Sonntagsfrühstück: Kohlrabi in dünne Scheiben hobeln, auf Tellern ausbreiten, leicht salzen und pfeffern. Von dem Forellenmus mit 1 Teelöffel Nocken abstechen, daraufsetzen. Mit Kaviar bestreuen und mit Dill garnieren.

Gefüllte Frischkäse-Avocado

Zutaten für 2 Portionen

2 EL Sonnenblumenkerne
1 mittelgroße Möhre
1 große reife Avocado
2 EL Zitronensaft
200 g körniger Frischkäse (Halbfettstufe)
Salz, schwarzer Pfeffer
1 Handvoll Radieschensprossen

Pro Portion ca. 18 g EW, 16 g KH

1 Die Sonnenblumenkerne in einer Pfanne ohne Fett goldbraun anrösten. Vom Herd nehmen und abkühlen lassen.

2 Die Möhre putzen, dünn schälen und grob raspeln. Die Avocado halbieren, den Kern herauslösen, das Fruchtfleisch bis auf etwa einen 1 cm breiten Rand aus der Schale lösen. Avocadofleisch sofort mit dem Zitronensaft beträufeln und mit einer Gabel zerdrücken. Möhrenraspel und Frischkäse untermischen, mit Salz und Pfeffer würzen.

3 Die Frischkäsemasse kuppelartig in die Avocadohälften füllen. Mit den Sonnenblumenkernen bestreuen. Die Sprossen abbrausen, abtropfen lassen und vor dem Servieren obendrauf streuen.

Zubereitung: 15 Minuten

Türkisches Feta-Frühstück

Zutaten für 2 Portionen

4 kleine Eierstrauchtomaten
2 Bio-Minigurken
Salz, schwarzer Pfeffer
100 g Schafskäse (Feta)
6 schwarze Oliven
¼ TL rosenscharfes Paprikapulver
¼ TL getrockneter Oregano
2 TL Olivenöl

Pro Portion ca. 10 g EW, 6 g KH

NC NOCARB

1 Die Tomaten waschen, von den Stielansätzen befreien und quer in etwa ½ cm dicke Scheiben schneiden. Die Gurken waschen, abtrocknen und ebenfalls in Scheiben schneiden.

2 Gurken- und Tomatenscheiben abwechselnd auf 2 Teller auslegen, mit Salz und Pfeffer würzen. Den Käse quer halbieren, mit den abgetropften Oliven neben dem Gemüse anrichten. Den Käse mit Paprikapulver und Oregano bestreuen und mit je Teelöffel Olivenöl beträufeln.

Zubereitung: 10 Minuten

TIPP Wer morgens etwas mehr Zeit hat, kann für den Feta-Teller statt der Gurken auch Zucchini nehmen. So schmeckt es besonders aromatisch: 2 junge Zucchini putzen, in dünne Scheiben schneiden und in einer großen Pfanne mit 1 EL Olivenöl bei starker Hitze von jeder Seite 1-2 Minuten anbraten. Herausnehmen, würzen und wie beschrieben mit Tomaten und Feta anrichten.

Provenzalische Eier aus dem Ofen

Zutaten für 2 Portionen

150 g Aubergine
125 g Zucchini
1 rote Spitzpaprika
1 Schalotte
1 Knoblauchzehe
1 EL Olivenöl
Salz, schwarzer Pfeffer
1 TL Kräuter der Provence
4 EL Sahne
30 g Greyerzer Käse
4 Eier
8 schwarze Oliven
(ohne Stein)
1 Stiel Basilikum

Pro Portion ca. 22 g EW,
10 g KH

1 Den Backofen auf 200 Grad vorheizen. Die Aubergine, Zucchini und Spitzpaprika waschen, putzen und in 1 cm große Würfel schneiden. Schalotte und Knoblauch abziehen und fein würfeln.

2 Das Öl in einer Pfanne erhitzen, Aubergine, Zucchini und Paprika darin unter gelegentlichem Rühren bei mittlerer Hitze 5-6 Minuten anbraten. Schalotte und Knoblauch dazugeben und kurz mitbraten. Mit Salz, Pfeffer und Kräutern der Provence abschmecken.

3 Die Gemüsemischung in zwei flache Auflaufförmchen (à 200 ml) verteilen und mit je 2 EL Sahne beträufeln. Den Käse reiben und darüberstreuen. Je 2 Eier aufschlagen und auf das Gemüse gleiten lassen, leicht salzen und pfeffern. Im Ofen (Mitte) 10-12 Minuten backen.

4 In der Zwischenzeit die Oliven hacken. Basilikumblätter von den Stielen zupfen. Die Gemüse-Eier vor dem Servieren mit den Oliven bestreuen und mit Basilikum garnieren.

Zubereitung: 25 Minuten, backen: 10-12 Minuten

NC
NOCARB

VARIANTE Provence-Eier aus dem Glas: Das gebratene Gemüse in zwei Gläser geben. Darauf je 2 Eier (in 3-4 Minuten wachsweich gekocht und gepellt) gleiten lassen. Mit 1 EL gehackten schwarzen Oliven und 1 EL feinen Basilikumstreifen bestreuen.

»DEINE NAHRUNGSMITTEL SEIEN DEINE HEILMITTEL.«

Hippokrates

Gurken-Lachs-Eier im Glas

Zutaten für 2 Portionen

100 g Räucherlachs
(in dünnen Scheiben)
1 Bio-Minigurke
1 dünne Frühlingszwiebel
2 Stiele Dill
1 TL Zitronensaft
1 TL Olivenöl
Salz, schwarzer Pfeffer
2 Eier

Pro Portion ca. 18 g EW, 4 g KH

1 Den Räucherlachs fein würfeln. Gurke putzen, waschen, abtrocknen, längs halbieren, entkernen und ebenfalls in kleine Würfel schneiden. Die Frühlingszwiebel putzen, waschen und in sehr dünne Ringe schneiden.

2 Lachs mit Gurke und Frühlingszwiebel in einer Schüssel mischen. Dill abbrausen, trocken schütteln und die Spitzen abzupfen, etwa 2/3 davon grob hacken und mit Zitronensaft und Olivenöl unter den Lachs heben. Mit wenig Salz und mit Pfeffer abschmecken. Lachsmischung in zwei Bechergläser verteilen.

3 Die Eier anstechen, in kochendem Wasser in 4-5 Minuten wachsweich kochen, dann abschrecken und pellen. Je ein Ei in ein Glas geben und von oben her so einschneiden, dass das Eigelb sichtbar wird. Leicht salzen und mit den restlichen Dillspitzen garnieren.

Zubereitung: 20 Minuten

Parmesan-Rührei mit Schinken

Zutaten für 2 Portionen

4 Eier, 6 EL Milch
Salz, schwarzer Pfeffer
4 EL fein geriebener
Parmesan, 2 TL Olivenöl
4 kleine Eierstrauchtomaten
80 g Lachsschinken-
Aufschnitt (ohne Fettrand)
½ Kästchen Kresse

Pro Portion ca. 34 g EW,
5 g KH

1 Die Eier mit Milch, Salz, Pfeffer und Parmesan verquirlen. Eine beschichtete Pfanne mit dem Olivenöl ausstreichen und erhitzen. Die Eiermasse hineingeben und bei mittlerer Hitze in 3-4 Minuten stocken lassen, dabei mit einem Pfannenwender von der Mitte an den Rand schieben.

2 Inzwischen die Tomaten waschen und in Scheiben schneiden, mit den Schinkenscheiben auf zwei Teller verteilen. Das Rührei daneben anrichten, mit Pfeffer übermahlen und mit Kresse bestreut servieren.

NC NOCARB

Zubereitung: 10 Minuten

Asia-Shiitake-Omelette

Zutaten für 2 Portionen

100 g Shiitakepilze
3 Frühlingszwiebeln
1 Stück Ingwer (ca. 1 cm)
½ rote Chilischote
5 Eier
3 EL Kokosmilch
2 TL Tamari-Sojasauce
1 EL Rapsöl
Salz, schwarzer Pfeffer
1 Handvoll Radieschen-
sprossen
4 Stiele Koriandergrün

Pro Portion ca. 21 g EW,
9 g KH

1 Von den Shiitakepilzen die Stiele entfernen, die Kappen in Scheiben schneiden. Frühlingszwiebeln waschen, putzen und schräg in dünne Ringe schneiden. Ingwer schälen, Chilischote putzen und waschen, beides in sehr kleine Würfel schneiden.

2 Die Eier mit Kokosmilch, Sojasauce, Ingwer und Chili verquirlen. ½ EL Öl in einer kleinen beschichteten Pfanne (Ø 16 cm) erhitzen, die Hälfte der Pilze und Frühlingszwiebeln darin 1-2 Minuten braten, salzen und pfeffern. Die halbe Eimischung darüber verteilen und zugedeckt bei mittlerer Hitze 3-4 Minuten stocken lassen. Das Omelette auf einen Teller gleiten lassen und im Ofen bei 100 Grad warm halten.

3 Aus den restlichen Pilzen, Frühlingszwiebeln und der Eimischung eine zweite Omelette backen. Sprossen abbrausen, abtropfen lassen. Beide Omeletten mit Sprossen und abgezupften Korianderblättern bestreut servieren.

Zubereitung: 30 Minuten

NC NOCARB

Knuspermüsli mit Skyr und Beeren

Zutaten für 4 Portionen

Je 40 g Hasel- und Walnüsse
40 g Mandeln
20 g Sonnenblumenkerne
1 EL Sesam
1 EL Hanfsamen
1 EL Kokoschips
1 EL frisch geschroteter Leinsamen
400 g Skyr (isländischer Frischkäse; ersatzweise je zur Hälfte Frischkäse und Joghurt verrührt)
125 ml ungesüßter Mandeldrink
420 g gemischte Beeren (z.B. Heidel-, Brom- und Himbeeren)
1-2 TL schwach entöltes Kakaopulver (nach Belieben)

Pro Portion ca. 20 g EW, 13 g KH

1 Die Haselnüsse und Mandeln hacken, mit den Sonnenblumenkernen, Sesam, Hanfsamen und Kokoschips mischen und in einer großen Pfanne ohne Fett bei mittlerer Hitze anrösten, bis sie duften. Vom Herd nehmen und etwas abkühlen lassen. Dann den Leinsamen untermischen.

2 Inzwischen den Skyr mit der Mandelmilch cremig verrühren. Die Beeren nur wenn nötig kurz abbrausen, vorsichtig trocken tupfen und verlesen.

3 Die Frischkäsecreme in vier Müslischalen verteilen. Den Knuspermix daraufgeben und mit den Beeren belegen. Nach Belieben mit dem Kakao fein bestäuben und servieren.

Zubereitung: 15 Minuten

TIPP Keine Zeit fürs Frühstück? Wie gut, dass man Knuspermüsli auf Vorrat zubereiten kann. Dazu die doppelte, drei- oder vierfache Menge Nüsse und Kerne mischen, und wie im Rezept auf Seite 35 beschrieben, mit Eiweiß und Honig verrühren und im Backofen trocknen lassen.

Power-Joghurt mit Brombeeren

Zutaten für 2 Portionen

4 EL Sonnenblumen-, Kürbis- und Pinienkerne
300 g Sojajoghurt natur
100 g Magerquark
2 TL Agavendicksaft
1 EL Stevia-Süße
1-2 EL Limettensaft
60 g Brombeeren
4 Physalis

Pro Portion ca. 19 g EW, 16 g KH

1 Die Sonnenblumen-, Kürbis- und Pinienkerne in einer Pfanne ohne Fett bei mittlerer Hitze goldbraun anrösten. Vom Herd nehmen und abkühlen lassen.

2 Den Joghurt mit Quark, Agavendicksaft und Stevia verrühren und mit dem Limettensaft abschmecken. Die Kerne hacken, 2 TL davon beiseitestellen, den Rest unter die Joghurtmischung rühren. In zwei Schalen verteilen. Brombeeren kurz abbrausen und verlesen. Physalis aus den Papierhüllen lösen. Beide Früchte auf dem Joghurtquark anrichten und mit den übrigen Kernen bestreut servieren.

Zubereitung: 20 Minuten

TIPP Minze für Extrafrische: Von 2 Stielen Minze die Blätter abzupfen, fein hacken und unter den Joghurtmix rühren. Mit Obst und Kernen anrichten und mit Minzeblättchen garnieren.

Schoko-Cottage-Cheese

Zutaten für 2 Portionen

2 EL Kokosraspel
2 EL gehackte Mandeln
200 g körniger Frischkäse
125 ml ungesüßter Haselnussdrink
3 EL geschroteter Leinsamen
2 EL Eiweißpulver
½ TL gemahlene Vanille
2 TL Stevia-Süße (nach Belieben)
20 g Bitterschokolade (mindestens 70% Kakaoanteil)

Pro Portion ca. 29 g EW, 11 g KH

1 Die Kokosraspel und Mandeln zusammen in einer Pfanne ohne Fett bei mittlerer Hitze anrösten. Vom Herd nehmen und abkühlen lassen.

2 Den Frischkäse mit dem Haselnussdrink verrühren. Leinsamen, Eiweißpulver, Vanille und Stevia – nach Belieben – untermischen. Die Kokosraspel und Mandeln unterheben und die Mischung in zwei Schalen verteilen. Die Schokolade grob reiben und obendrauf streuen.

Zubereitung: 15 Minuten

TIPP Statt der grob geriebenen Schokolade können Sie alternativ auch Kakao-Nibs (aus dem Bioladen) auf den Frischkäse streuen.

Chia-Granatapfel-Gel

Zutaten für 2 Portionen

4 EL Chiasamen
150 ml ungesüßter Mandeldrink
½ TL gemahlene Vanille
1 TL flüssiger Agavendicksaft
20 g Haselnüsse
20 g Walnusskerne
½ Granatapfel

Pro Portion ca. 1 g EW, 1 g KH

NC NOCARB

1 Die Chiasamen mit dem Mandeldrink, Vanille und Agavendicksaft verrühren und etwa 10 Minuten quellen lassen.

2 Inzwischen die Hasel- und Walnüsse in einer Pfanne ohne Fett goldbraun anrösten. Vom Herd nehmen und abkühlen lassen, dann fein hacken. Die Granatapfelhälfte auf einer Zitruspresse auspressen, Kerne dabei auffangen. Den Granatapfelsaft mit dem Chiagel verrühren, auf zwei Schalen verteilen und mit den Granatapfelkernen und den Nüssen bestreut servieren.

Zubereitung: 20 Minuten

TIPP Außerhalb der Saison den Granatapfelsaft durch 5-6 EL roten Johannisbeer-Muttersaft aus dem Reformhaus oder Bioladen ersetzen – er ist ungezuckert und glyxniedrig.

Champignon-Zwiebel-Aufstrich

NC NOCARB

Zutaten für 4 Portionen

3 Frühlingszwiebeln
1 Knoblauchzehe
400 g Champignons
2 EL Olivenöl
4 Zweige Thymian
2 EL Tamari-Sojasauce
Salz, schwarzer Pfeffer
frisch geriebene Muskatnuss
1-2 EL Zitronensaft
2 EL Schmand

Pro Portion ca. 4 g EW, 3 g KH

1 Die Frühlingszwiebeln waschen, putzen, weiße Teile in feine Scheiben schneiden, hellgrüne Teile klein würfeln. Knoblauch abziehen und fein würfeln. Die Champignons putzen, abreiben und in dünne Scheiben schneiden.

2 Das Öl in einer Pfanne erhitzen, das Weiße der Zwiebeln und den Knoblauch darin glasig dünsten. Pilze und Thymian dazugeben und unter Wenden bei mittlerer Hitze in 3-4 Minuten hellbraun braten. Mit Sojasauce, Salz, Pfeffer, Muskat und Zitronensaft abschmecken. Den Pilzmix vom Herd nehmen und lauwarm abkühlen lassen, Thymian entfernen.

3 Die Pilzmischung mit dem Schmand mittelfein pürieren. Die grünen Zwiebelwürfel untermischen. Salzen und pfeffern. Schmeckt lecker auf Eiweißbrot (Rezept Seite 32) oder mit Chicoréeblättern.

Zubereitung: 25 Minuten plus abkühlen

Avocado-Koriander-Creme

Zutaten für 4 Portionen

1 große reife Avocado
3 EL Limettensaft
3 Stiele Koriandergrün
1 Tomate
200 g körniger Frischkäse (Halbfettstufe)
1 EL Olivenöl
Salz, Cayennepfeffer

Pro Portion ca. 7 g EW, 4 g KH

NC NOCARB

1 Die Avocado halbieren und den Kern entfernen. Das Fruchtfleisch mit einem Löffel aus der Schale heben, sofort mit 1 EL Limettensaft beträufeln und mit einer Gabel zerdrücken. Koriandergrün abbrausen, trocken schütteln, Blätter abzupfen und grob hacken. Tomate waschen, vierteln, entkernen und klein würfeln.

2 Avocado mit Frischkäse, Koriander, Tomate und Olivenöl mischen. Mit dem übrigen Limettensaft, mit Salz und Cayennepfeffer abschmecken. Der Aufstrich schmeckt auf Eiweißbrot oder Mohn-Mandel-Brötchen und passt auch gut zu Rohkost wie Möhren, Radieschen, Rettich und Kohlrabi.

Zubereitung: 10 Minuten

TIPP Zum Mitnehmen die Avocadocreme wie beschrieben ohne Tomate zubereiten. Stattdessen von 4 Tomaten den Deckel abschneiden, Tomaten aushöhlen, Avocadomus einfüllen, Tomatendeckel daraufsetzen.

Paprika-Lupinen-Aufstrich

NC NOCARB

Zutaten für 4 Portionen

1 kleine rote Paprikaschote
2 Schalotten
1 Knoblauchzehe
1 EL Olivenöl
20 g Lupinenschrot (aus dem Bioladen)
5 EL Gemüsebrühe
Salz, schwarzer Pfeffer
1-2 TL Zitronensaft

Pro Portion ca. 2 g EW, 3 g KH

1 Die Paprika putzen, halbieren, entkernen, waschen und in kleine Würfel schneiden. Schalotten und Knoblauchzehe abziehen und fein würfeln.

2 Das Öl in einem kleinen Topf erhitzen. Paprika, Schalotten und Knoblauch darin etwa 2 Minuten bei mittlerer Hitze andünsten. Lupinenschrot dazugeben, kurz anrösten. Mit der Brühe ablöschen und zugedeckt bei milder Hitze etwa 5 Minuten köcheln lassen. Vom Herd nehmen, in eine hohe Rührschüssel füllen und fein pürieren. Mit Salz, Pfeffer und Zitronensaft abschmecken und abkühlen lassen. Der Aufstrich schmeckt prima auf Eiweißbrot (Rezept Seite 32) oder auch mit Brühe verdünnt als Suppe.

Zubereitung: 25 Minuten plus abkühlen

Curry-Hähnchen-Paste

Zutaten für 4 Portionen

100 g gegartes Hähnchenfleisch (ohne Haut)
2 hart gekochte Eier
½ säuerlichen Apfel (ca. 75 g; z.B. Elstar)
1 EL Zitronensaft
2-3 Cornichons (ca. 50 g)
100 g Frischkäse (Halbfettstufe)
1 TL scharfes Currypulver
Salz, schwarzer Pfeffer
½ Bund Schnittlauch

Pro Portion ca. 11 g EW, 3 g KH

NC NOCARB

1 Das Hähnchenfleisch in sehr kleine Würfel schneiden. Eier pellen und klein hacken. Die Apfelhälfte waschen, halbieren, entkernen und in ½ cm große Würfel schneiden, sofort mit dem Zitronensaft beträufeln. Cornichons fein würfeln.

2 Den Frischkäse mit dem Curry verrühren. Eier, Hähnchen, Apfel und Cornichons untermischen, mit Salz und Pfeffer würzen. Schnittlauch abbrausen, trocken schütteln, in feine Röllchen schneiden und unterheben. Den Aufstrich vor dem Servieren etwa 30 Minuten kalt stellen. Schmeckt auf Mohn-Mandel-Brötchen (Rezept Seite 35) oder Eiweißbrot (Rezept Seite 32).

Zubereitung: 15 Minuten, abkühlen: 30 Minuten

TIPP Pikant und herzhaft: Fisherman´s Friends können das Hähnchenfleisch durch Matjesfilets ersetzen und Dill gegen Schnittlauch tauschen. Schmeckt mit Salatgurke, Tomaten oder/und Staudensellerie auch super als leichter Imbiss.

Weißer Aprikosen-Smoothie

Zutaten für 2 Portionen (à 300 ml)

4 Aprikosen (ca. 150 g)
2 ganz frische Eier
2 EL Zitronensaft
2 EL Kokosöl
300 ml kalte Roh-, Vorzugs- oder Schafsmilch
4 EL Eiweißpulver
2 TL Stevia-Streusüße
¼-½ TL gemahlener Zimt

Pro Portion ca. 32 g EW, 15 g KH

1 Die Aprikosen waschen, halbieren, Kerne auslösen und das Fruchtfleisch klein schneiden. Aprikosenfleisch und -kerne in den Hochleistungsmixer geben. Eier aufschlagen, mit dem Zitronensaft und Kokosöl hinzufügen. Die Hälfte der Milch dazugießen und alles erst auf kleiner, dann auf höchster Stufe so lang pürieren, bis die Kerne vollständig zerkleinert sind.

2 Eiweißpulver, Stevia, ¼ TL Zimt und übrige Milch in den Mixer geben, nochmals alles kurz und kräftig mixen. Smoothie in zwei Gläser gießen und mit Zimt bestäubt servieren.

Zubereitung: 10 Minuten

TIPP Gehaltvoll und cremig: Statt grünem Blattgemüse enthält dieser Smoothie vor allem Fette, Samen oder Nüsse und Obst.

Heidelbeer-Ingwer-Smoothie

Zutaten für 2 Portionen (à 300 ml)

100 g Heidelbeeren (frisch oder TK-Beeren)
1 Stück Ingwer (ca. 1,5 cm)
1 Msp. gemahlener Kardamom, 2 EL Zitronensaft
2 TL Kokosblütenzucker
150 ml ungesüßte Kokosmilch
4 EL Eiweißpulver
3 TL Kokosöl
200 ml kaltes Kokos- oder Mineralwasser

Pro Portion ca. 17 g EW, 16 g KH

1 Die Heidelbeeren kurz abbrausen und verlesen, tiefgekühlte Beeren antauen lassen. Ingwer schälen und würfeln. Beeren und Ingwer mit dem Kardamom und Zitronensaft in den Mixer geben. Kokosblütenzucker und Kokosmilch zufügen und das Ganze erst auf kleiner Stufe, dann auf höchster Stufe glatt pürieren.

2 Das Eiweißpulver, Kokosöl und Kokos- oder Mineralwasser in den Mixer füllen und noch mal alles etwa 10 Sekunden lang kräftig mixen. Smoothie in zwei Gläser füllen und mit einem dicken Trinkhalm servieren.

Zubereitung: 10 Minuten

TIPP Wenn Sie die Möglichkeit haben, greifen Sie zu wilden Heidelbeeren. Sie sind durch und durch blau und stecken voller Anthocyane – Pflanzenfarbstoffe, die gut für Abwehr, Blutwerte und Gehirn sind. Kulturheidelbeeren haben innen ein helles Fruchtfleisch.

Himbeer-Limetten-Lassi

NC NOCARB

Zutaten für 2 Portionen (à 300 ml)

80 g Himbeeren
1 Bio-Limette
4-6 Minzeblätter
2 TL Stevia-Streusüße (nach Belieben)
150 g Joghurt natur
250 ml kaltes Mineralwasser
4 EL Eiweißpulver
3 TL Walnussöl
4 Eiswürfel

Pro Portion ca. 20 g EW, 8 g KH

1 Die Himbeeren verlesen, nur wenn nötig abbrausen und trocken tupfen. Die Limette heiß waschen, abtrocknen, die Schale fein abreiben und 3 EL Saft auspressen. Himbeeren, Limettenschale und –saft mit 4 Minzeblättern, Stevia – nach Belieben – und Joghurt in den Mixer geben. Mit 200 ml Mineralwasser auffüllen. Das Ganze erst auf kleiner Stufe, dann auf höchster Stufe cremig-fein pürieren.

2 Eiweißpulver, Walnussöl und übriges Mineralwasser zufügen und kurz und kräftig untermixen. Die Eiswürfel in zwei Gläser verteilen, den Lassi darübergießen und mit je einem Minzeblättchen verziert servieren.

Zubereitung: 10 Minuten

TIPP Besonders smoothy wird der Drink, wenn man statt frischer Himbeeren tiefgekühlte nimmt.

Avocado-Powermix

NC NOCARB

Zutaten für 2 Portionen (à 300 ml)

1 kleine reife Birne (ca. 100 g)
1 kleine reife Avocado
2 EL Limettensaft
80 g Babyspinat
6 Basilikumblätter
300 ml kaltes Mineralwasser
2 EL Eiweißpulver
1 TL Dattelsirup

Pro Portion ca. 10 g EW, 5 g KH

1 Die Birne waschen, vierteln, Stiel und Blütenansatz entfernen, das Kerngehäuse belassen. Avocado halbieren, Kern entfernen, Fruchtfleisch mit einem Löffel aus der Schale heben und mit den Birnenstücken und dem Limettensaft in einen leistungsstarken Mixer geben.

2 Den Spinat waschen, gut abtropfen lassen und verlesen. Basilikumblätter abreiben. Beides in den Mixer geben. Mit dem Mineralwasser auffüllen. Erst auf kleiner Stufe starten, dann auf höchster Stufe fein pürieren. Eiweißpulver und Sirup zufügen und noch mal alles kurz und kräftig mixen. Smoothie in zwei Gläser gießen und mit je einem zartem Spinatblatt verziert servieren.

Zubereitung: 15 Minuten

Grünkohl-Kokos-Smoothie

Zutaten für 2 Portionen (à 300 ml)

1 Stück reife Papaya (ca. 100 g)
60 g junger Blatt-Grünkohl (z.B. Picco Kale; ersatzweise zarter Wirsing)
3-4 Stiele Minze
½ Bund Petersilie
2 TL Matchapulver
200 ml Kokosmilch
200 ml kaltes Kokoswasser oder Mineralwasser
2 EL Eiweißpulver

Pro Portion ca. 13 g EW, 14 g KH

1 Die Papaya schälen, entkernen und das Fruchtfleisch grob würfeln. Grünkohl abbrausen, trocken schütteln und verlesen. Minze und Petersilie abbrausen, trocken schütteln und die Blätter abzupfen.

2 Papaya mit Grünkohl, Kräutern, Matchapulver und Kokosmilch in einen leistungsstarken Mixer geben. Erst auf kleiner Stufe, dann auf höchster Stufe fein pürieren. Kokoswasser oder Mineralwasser und das Eiweißpulver dazugeben und nochmals alles kurz und kräftig mixen. Den Drink in zwei Gläser gießen und servieren.

Zubereitung: 10 Minuten

TIPP Coole Erfrischung im Sommer: Den Smoothie in Eisförmchen füllen und etwa 2 Stunden anfrieren lassen. Dann Eisstiele hineinstecken und für mindestens weitere 2 Stunden gefrieren lassen.

Grapefruit-Salat-Shake

Zutaten für 3 Portionen (à 250 ml)

1 kleine rosa Grapefruit
1 Stange Staudensellerie mit Grün
½ Bund Petersilie
50 g Feldsalat
2 EL Zitronensaft
2 TL flüssiger Akazienhonig
1 EL Mandelmus
250 ml kaltes Kokoswasser oder Mineralwasser
3 EL Eiweißpulver

Pro Portion ca. 11 g EW, 14 g KH

1 Die Grapefruit schälen und grob würfeln. Staudensellerie samt Grün waschen, putzen und in Stücke schneiden. Petersilie abbrausen, trocken schütteln und die Blätter abzupfen. Feldsalat waschen, gut abtropfen lassen und verlesen. Alle vorbereiteten Zutaten in den Mixer füllen. Zitronensaft, Honig und Mandelmus hinzufügen.

2 200 ml Kokos- oder Mineralwasser dazugießen. Alles erst auf kleiner Stufe, dann auf höchster Stufe fein pürieren. Das Eiweißpulver dazugeben, mit dem übrigen Kokos- oder Mineralwasser auffüllen und noch mal alles kurz und kräftig mixen. Den Smoothie in zwei Gläser füllen und servieren.

Zubereitung: 15 Minuten

TIPP Im Sommer kann auch Babyspinat, Rucola oder Pflücksalat statt Feldsalat in den Smoothie.

Radieschen-Gurken-Smoothie

NC NOCARB

Zutaten für 2 Portionen (à 300 ml)

100 g Radieschen
200 g Salatgurke
1 EL Zitronensaft
2 TL Leinöl
200 ml kalte Buttermilch
100 g Seidentofu (aus Reformhaus oder Bioladen)
4 EL Eiweißpulver
Salz, schwarzer Pfeffer
4 Stiele Schnittlauch

Pro Portion ca. 23 g EW, 9 g KH

1 Radieschen waschen, putzen und trocken tupfen. Gurke putzen, schälen, längs halbieren und das Fruchtfleisch klein schneiden.

2 Radieschen und Gurke mit Zitronensaft, Leinöl und Buttermilch in den Mixer geben. Erst auf kleiner Stufe, dann auf höchster Stufe fein pürieren. Seidentofu und Eiweißpulver dazugeben, mit Salz und Pfeffer würzen und alles noch mal kurz und kräftig mixen.

3 Den Smoothie in zwei Gläser füllen. Schnittlauch abbrausen, trocken schütteln, fein schneiden und obendrauf streuen.

Zubereitung: 10 Minuten

TIPP Löffel-Vergnügen morgens: Smoothie in einer Suppenschale anrichten, mit Radieschenscheiben und Schnittlauch bestreuen.

Das wahre Soul Food:

SUPPEN

Wer hat's erfunden? Die Schweizer? Nö. Egal. In jedem Fall dürfen wir dafür ernsthaft dankbar sein. Nichts lässt sich so leicht vorbereiten, mitnehmen – und genießen, wenn es an der Zeit ist, wie die Suppe. Nichts kann so vielseitig und so voller Wunder sein, wie die Suppe. Mit ganz viel buntem Gemüse, vielfältigen Gewürzen, frischen Kräutern, Fisch oder Fleisch, Tofu oder Quinoa … Suppen verzaubern den Gaumen. Sind Detoxer, Energiebooster, Seelenwärmer, Medizin.

»Drei Zehntel heilt die Medizin. Sieben Zehntel heilt die richtige Ernährung.«

Sprichwort der Traditionellen Chinesischen Medizin

MEDITERRAN

LANDLUST

ASIATISCH

URBAN

SECHS REGELN FÜR DIE NO-CARB-SUPPENKÜCHE

1 Was gut ist, das kommt in die Suppe. UND DAS WIRKT. Aufs Immunsystem. Auf die Bakterienkultur in unserem Darm. Auf die Leber.

2 Eine schlichte GEMÜSESUPPE kann man zusätzlich mit drei Esslöffeln Sojasauce und zwei Teelöffeln fein geriebenem frischen Ingwer würzen. Gemüseeinlage: vier fein geschnittene Frühlingszwiebeln, 150 Gramm Shiitakepilze und zwei gestiftelte Möhren.

3 TIP FRISCHE MARKKNOCHEN: Frisches Mark ist weiß bis hellrosa und riecht nach nichts. Markknochen verderben so schnell wie Fisch. Das Mark färbt sich dann gelblich und riecht tranig.

4 Paleos und Rohköstler AKTIVIEREN Nüsse, Hülsenfrüchte, Getreide und Pseudogetreide, heißt, weichen es über Nacht in Wasser ein, damit die vorhandene Phytinsäure dem Darm nicht schadet. Wer Zeit hat, kann das machen. Was Hülsenfrüchte betrifft, greifen Zeitlose gerne zum Glas.

5 Zutaten immer ins KALTE WASSER geben und erst am Ende der Garzeit salzen, das lockt die Extrakte und Aromen in die Brühe. Nicht sprudelnd kochen lassen, sondern am Siedepunkt garen. So fliegt das Aroma nicht davon und die Vitamine schont es auch.

6 Gut Ding braucht Weile: Wer weniger Zeit und Energie aufbringen möchte, greift zum SLOW COOKER. Darin können Sie eine Brühe wunderbar im Schongang zubereiten – man lässt sie ohne Aufsicht bei 90 Grad 12 bis 24 Stunden vor sich hin simmern. Je länger, desto mehr Wirkstoffe werden den Knochen entzogen.

Diese Sopas würzen Meersalz & Sonne

Gazpacho, Minestrone, Bouillabaisse ... Die leckeren Suppen aus der Gegend rund ums Mittelmeer füllen den Bauch mit Glück, leere Batterien mit Solarenergie. Blitzschnell gezaubert, lässt die Bouillabaisse die Augen leuchten – und die Fettzellen schlichtweg verzweifeln. Und genauso die Auberginensuppe mit Feta, die Spargel-Minestrone, der Mangoldcremetraum, die französische Zwiebelsuppe. Bon Appétit!

Gazpacho mit Ei-Häckerle

Zutaten für 2 Portionen

250 g Tomaten
1 gelbe Spitzpaprika
1 Bio-Salatgurke (ca. 400 g)
1 kleine weiße Zwiebel
1 kleine Knoblauchzehe
100 ml kalte Gemüsebrühe
50 g Chufas-Flocken (Erdmantelflocken)
2 EL Weißweinessig
3 TL Olivenöl
Salz, schwarzer Pfeffer
2 hart gekochte Eier

Pro Portion ca. 12 g EW, 17 g KH

1 Tomaten waschen und ohne Stielansatz grob würfeln. Spitzpaprika halbieren, entkernen, waschen und in kleine Würfel schneiden. Gurke waschen, trocken reiben, die Schale in Streifen abziehen. Gurke längs halbieren und klein würfeln. Von den Paprika- und Gurkenwürfeln jeweils 2 TL abnehmen und beiseitestellen. Zwiebel und Knoblauch schälen und klein würfeln.

2 Das vorbereitete Gemüse mit der Brühe in den Mixer geben und auf höchster Stufe fein pürieren. Dann die Chufas-Flocken, Essig und Olivenöl dazugeben, nochmals kurz pürieren. Salzen und pfeffern. Suppe und Gemüsewürfel getrennt 1 Stunde kalt stellen.

3 Vor dem Servieren die Eier pellen und hacken. Die Suppe durchrühren und mit Salz und Pfeffer abschmecken. In Schalen oder Gläser verteilen und mit den beiseitegelegten Gurken- und Paprikawürfeln sowie den gehackten Eiern bestreuen. Sofort servieren.

Zubereitung: 25 Minuten, kühlen: 1 Stunde

Mandel-Knoblauch-Suppe

Zutaten für 2 Portionen

60 g geschälte Mandelkerne
2 Knoblauchzehen
300 ml Gemüsebrühe
2 EL Olivenöl
300 ml ungesüßter Mandeldrink
½ Bund Petersilie
2 EL gehobelte Mandeln
3-4 TL Zitronensaft
Salz, schwarzer Pfeffer

Pro Portion ca. 11 g EW, 5 g KH

NC NOCARB

1 Die Mandelkerne grob hacken. Die Knoblauchzehen schälen, hacken und zusammen mit den Mandeln, 100 ml Gemüsebrühe und Olivenöl im Mixer cremig-fein pürieren. Die übrige Brühe mit dem Mandeldrink aufkochen, das Mandelpüree einrühren und das Ganze zugedeckt etwa 10 Minuten bei milder Hitze kochen lassen.

2 Inzwischen die Petersilie waschen, trocken schütteln, abzupfen und fein hacken. Die gehobelten Mandeln in einer Pfanne ohne Fett anrösten. Vom Herd nehmen und etwas abkühlen lassen.

3 Die Suppe mit dem Schneidstab schaumig aufschlagen, mit Zitronensaft, Salz und Pfeffer abschmecken. In tiefen Tellern oder Schalen anrichten, mit Mandelblättchen und Petersilie bestreut servieren. Die Suppe schmeckt warm oder kalt.

Zubereitung: 25 Minuten

Amarant-Gemüse-Suppe mit Rucola

Zutaten für 2 Portionen

1 Zwiebel
1 Knoblauchzehe
1 EL Olivenöl
½ TL gemahlener Kreuzkümmel
500 ml Hühner- oder Gemüsebrühe
50 g Amarant
1 Möhre
1 Staudensellerie
125 g Rinderfilet
1 Handvoll Rucola
Salz, schwarzer Pfeffer
rosenscharfes Paprikapulver

Pro Portion ca. 25 g EW, 23 g KH

1 Zwiebel und Knoblauchzehe abziehen und fein schneiden. Das Öl erhitzen, Zwiebel und Knoblauch darin etwa 2 Minuten dünsten. Mit dem Kreuzkümmel bestäuben, die Brühe dazugießen und aufkochen lassen. Den Amarant einstreuen und zugedeckt etwa 40 Minuten bei milder Hitze köcheln lassen.

2 Inzwischen die Möhre und den Staudensellerie putzen und schälen oder waschen. Möhre in dünne Streifen, Sellerie in feine Scheiben schneiden. Das Rinder- oder Kalbsfilet abbrausen, trocken tupfen und in feine Streifen schneiden. Gemüse und Fleisch nach 20 Minuten Garzeit in die Suppe geben und mitgaren.

3 Den Rucola abbrausen, trocken schütteln und harte Stiele abknipsen. Die Suppe mit Salz, Pfeffer und Paprikapulver würzen, in tiefen Tellern anrichten und mit Rucola bestreut servieren.

Zubereitung: 50 Minuten

Überbackene Zwiebelsuppe

Zutaten für 2 Portionen

250 g Zwiebeln
1 EL Olivenöl
2 TL Butter
Salz, schwarzer Pfeffer
frisch geriebene Muskatnuss
5 EL trockener Weißwein
500 ml Gemüsebrühe
½ Bund Petersilie
50 g Gruyère, 2 Scheiben von 1 Fleischtomate

Pro Portion ca. 10 g EW, 8 g KH

NC NOCARB

1 Die Zwiebeln abziehen und in feine Ringe schneiden. Olivenöl und Butter in einem Topf zerlassen, Zwiebeln darin bei mittlerer Hitze goldbraun anbraten. Mit Salz, Pfeffer und Muskat würzen. Mit dem Wein ablöschen, etwas einkochen lassen. Brühe zugießen, aufkochen und zugedeckt bei mittlerer Hitze garen.

2 Inzwischen die Petersilie abbrausen, trocken schütteln, Blätter abzupfen und fein hacken. Den Käse reiben.

3 Die Suppe mit Salz und Pfeffer abschmecken, in zwei ofenfeste Suppentassen verteilen. Mit der Petersilie bestreuen. Je eine Tomatenscheibe hineinlegen, Käse darauf verteilen. Die Suppe im Ofen unter dem vorgeheizten Grill (Mitte) 4-5 Minuten überbacken. Der Käse soll geschmolzen, aber nur leicht gebräunt sein.

Zubereitung: 35 Minuten

Blitz-Bouillabaisse mit scharfem Dip

Zutaten für 2 Portionen

Bouillabaisse:
300 g Fischfilet (z.B. Lachs, Heilbutt, Kabeljau)
100 g rohe, geschälte Garnelen (küchenfertig)
Salz, schwarzer Pfeffer
1 große weiße Zwiebel
2 Knoblauchzehen
1 Möhre, 1 Fenchelknolle
2 Tomaten, 2 EL Olivenöl
½ TL zerstoßener Fenchelsamen
1 Lorbeerblatt
3 Zweige Thymian
150 ml trockener Weißwein
400 ml Fischbrühe oder -fond
2-3 TL Zitronensaft

Dip:
50 g Kichererbsen (aus der Dose)
1 kleine rote Pfefferschote
1 kleine Knoblauchzehe
2 EL Olivenöl, Salz
400 ml Fischfond (Glas)
2-3 TL Zitronensaft

Pro Portion ca. 47 g EW, 15 g KH

1 Die Fischfilets waschen, trocken tupfen und in mundgerechte Stücke schneiden. Garnelen kalt abbrausen und abtropfen lassen. Fisch und Garnelen leicht salzen und pfeffern. Zwiebel und Knoblauch abziehen und würfeln. Möhre putzen, schälen, längs halbieren und in dünne Scheiben schneiden. Fenchel waschen, das Grün abschneiden und beiseitelegen, Fenchel vierteln, vom Strunk befreien und in feine Streifen schneiden. Tomaten überbrühen, abschrecken, häuten und klein würfeln.

2 Das Öl in einem Topf erhitzen. Zwiebel darin glasig dünsten. Möhre, Fenchel und Knoblauch dazugeben und 3-4 Minuten bei mittlerer Hitze mitdünsten. Fenchelsamen, Lorbeer und Thymian zufügen. Mit Wein und Brühe oder Fond ablöschen. Salzen und pfeffern. Aufkochen und zugedeckt bei mittlerer Hitze etwa 10 Minuten köcheln lassen. Dann Fischstücke und Garnelen in den Sud legen und weitere 10 Minuten zugedeckt ziehen lassen.

3 Für den Dip Kichererbsen abbrausen und abtropfen lassen. Pfefferschote längs halbieren, entkernen und würfeln. Knoblauch schälen und fein hacken. Alle drei Zutaten mit dem Olivenöl im Blitzhacker oder mit dem Schneidstab fein pürieren, dabei 2-3 EL Fischbrühe unterrühren, bis eine cremige Paste entstanden ist. Leicht salzen.

4 Fischsuppe mit Salz, Pfeffer und Zitronensaft abschmecken. Das Fenchelgrün hacken und obendrauf streuen. Den Kichererbsen-Dip dazu servieren.

Zubereitung: 45 Minuten

Auberginensuppe mit Feta

Zutaten für 2 Portionen

1 mittelgroße Aubergine
1 kleine rote Paprikaschote
1 Zwiebel
1 Knoblauchzehe
3 Stiele Thymian
3 EL Olivenöl
2 TL Tomatenmark
500 ml Gemüsebrühe
Salz, schwarzer Pfeffer
100 g Feta

Pro Portion ca. 11 g EW, 13 g KH

1 Aubergine waschen, putzen und klein würfeln. Paprika putzen, längs vierteln, entkernen, waschen und in feine Streifen schneiden. Zwiebel und Knoblauch abziehen und fein würfeln. Thymian abbrausen, trocken schütteln, Blätter abzupfen und hacken.

2 Das Öl in einem Topf erhitzen. Auberginenwürfel darin bei starker Hitze 3-4 Minuten anbraten. Zwiebel, Knoblauch und Paprika dazugeben, kurz mitbraten. Tomatenmark und Thymian einrühren, Brühe angießen. Gemüse zugedeckt bei mittlerer Hitze etwa 15 Minuten köcheln lassen. Dann das Gemüse mit dem Schneidstab fein pürieren, salzen und pfeffern. Feta grob zerbröseln. Die Suppe in Schalen oder tiefen Tellern anrichten, den Feta hineingeben.

Zubereitung: 40 Minuten

Spargel-Minestrone mit Basilikum

Zutaten für 2 Portionen

1 Zwiebel, 400 g grüner Spargel, 200 g Zucchini
200 g kleine Strauchtomaten
2 EL Olivenöl
800 ml Gemüsebrühe
Salz, schwarzer Pfeffer
125 g weiße Bohnen (abgetropft; aus der Dose)
½ Bund Basilikum
1 Knoblauchzehe
30 g geriebener Parmesan
1 TL abgeriebene Bio-Zitronenschale
2 TL Zitronensaft

Pro Portion ca. 17 g EW, 18 g KH

1 Die Zwiebel abziehen und fein würfeln. Spargel waschen, putzen, im unteren Drittel schälen und schräg in 2-3 cm breite Stücke schneiden. Zucchini waschen, putzen, längs vierteln und würfeln. Tomaten waschen und vierteln.

2 Das Öl in einem Topf erhitzen. Zwiebel darin glasig dünsten. Spargel zufügen und kurz mitdünsten. Mit der Brühe ablöschen, salzen und pfeffern. Zugedeckt bei mittlerer Hitze etwa 6 Minuten garen. Tomaten, Zucchini und weiße Bohnen dazugeben und weitere 6-7 Minuten kochen.

3 Inzwischen Basilikum abbrausen, trocken schütteln, Blätter abzupfen. Knoblauch schälen und hacken. Beides mit Parmesan, Zitronenschale und -saft im Blitzhacker zu einer Paste verarbeiten. Mit Salz und Pfeffer abschmecken. Suppe mit der Basilikumpaste in Schalen anrichten.

Zubereitung: 35 Minuten

Mangoldcreme mit Nussschinken

Zutaten für 2 Portionen

150 g Mangold, 1 Möhre
1 Zwiebel, 1 EL Olivenöl
400 ml Knochen- oder Gemüsebrühe
50 g Katenschinken (gewürfelt)
1 ½ EL gehackte Walnüsse
125 ml ungesüßter Mandeldrink
Salz, schwarzer Pfeffer

Pro Portion ca. 10 g EW, 7 g KH

NC NOCARB

1 Den Mangold waschen, putzen, Stiele klein würfeln, Blätter längs halbieren und in feine Streifen schneiden. Möhre putzen, schälen und würfeln. Zwiebel abziehen und fein würfeln. Das Öl erhitzen, Zwiebel, Möhre und Mangoldstiele darin 2-3 Minuten bei mittlerer Hitze andünsten. Brühe angießen und aufkochen lassen. Mangoldgrün zufügen, Gemüse zugedeckt bei mittlerer Hitze etwa 10 Minuten garen.

2 Inzwischen die Schinkenwürfel in einer Pfanne ohne Fett anbraten. Nüsse dazugeben und kurz mitrösten. Mandeldrink in die Suppe rühren, alles mit dem Schneidstab fein pürieren. Mit Salz und Pfeffer würzen. Suppe in Schalen anrichten und mit dem Schinkenmix bestreut servieren.

Zubereitung: 30 Minuten

Diese Suppen beamen in den Orient

Ingwer, Zitronengras, Curry, Chili ... Diese Suppen heizen mit ihren Ingredienzien der Fettzelle ein. Und sie machen gute Laune, weil man einfach nur daran schnuppernd, auf einem fliegenden Teppich eine Reise tut – und mitten auf einem asiatischen Markt landet. Nun, was erzähle ich? Kommen Sie doch einfach mit.

Kohlrabisuppe mit Hackbällchen

NC NOCARB

Zutaten für 2 Portionen

1 mittelgroßer Kohlrabi
200 g Chinakohl
1 Knoblauchzehe
1 kleine rote Chilischote
1 EL natives Kokosöl
500 ml Knochen- oder Hühnerbrühe
1-2 EL Tamari-Sojasauce
200 g Rinderhackfleisch
2 TL fein geriebener Ingwer
1 Eigelb
Salz, schwarzer Pfeffer

Pro Portion ca. 24 g EW, 9 g KH

1 Kohlrabi putzen, schälen und in kleine Würfel schneiden. Chinakohl waschen, putzen und in 1-2 cm große Rauten schneiden. Knoblauch abziehen, Chilischote waschen, putzen und entkernen, beides klein würfeln.

2 In einem Topf ½ EL Kokosöl erhitzen, Knoblauch und Chili darin kurz andünsten. Kohlrabi zufügen, bei mittlerer Hitze etwa 2 Minuten mitdünsten. Brühe angießen, aufkochen, mit 1 EL Sojasauce würzen und zugedeckt bei mittlerer Hitze etwa 5 Minuten kochen. Chinakohl dazugeben und weitere 5 Minuten garen.

3 Inzwischen Hackfleisch mit Ingwer und Eigelb gut verkneten, mit Salz und Pfeffer würzen. Aus der Masse mit angefeuchteten Händen Klößchen formen und in einer Pfanne mit dem übrigen Kokosöl von allen Seiten in etwa 4 Minuten braun braten. Suppe mit Sojasauce und Pfeffer abschmecken und mit den Hackbällchen in Suppenschalen anrichten.

Zubereitung: 30 Minuten

Mung-Dal-Suppe

Zutaten für 2 Portionen

1 Stück Ingwer (ca. 1 cm)
1 Knoblauchzehe
1 EL Ghee oder Butterschmalz
1 TL gemahlener Kreuzkümmel, ¼ TL Kurkuma
½ TL gemahlener Koriander
60 g gelbe Mung-Dal-Linsen
400 ml Gemüsebrühe
100 g stückige Tomaten (Dose), 4 Stiele Petersilie
Salz, 2 EL saure Sahne

Pro Portion ca. 9 g EW, 17 g KH

1 Ingwer und Knoblauch schälen und fein würfeln. Ghee oder Butterschmalz in einem Topf erhitzen, Kreuzkümmel, Kurkuma und Koriander darin 1-2 Minuten andünsten. Ingwer und Knoblauch dazugeben und kurz mitdünsten. Linsen einrühren, mit der Brühe aufgießen und die Tomaten zufügen. Alles aufkochen und die Suppe zugedeckt bei mittlerer Hitze etwa 10 Minuten köcheln lassen, bis die Linsen fast völlig zerfallen sind.

2 Inzwischen die Petersilie waschen, trocken schütteln, die Blätter abzupfen und fein hacken. Suppe mit Salz abschmecken, auf tiefe Teller oder Schalen verteilen und mit je 1 EL saurer Sahne anrichten. Mit Petersilie bestreut servieren.

TIPP Die gelben Linsen kann man durch rote Linsen ersetzen.

Zubereitung: 30 Minuten

Erdnusssuppe mit Putenspieß

NC NOCARB

Zutaten für 2 Portionen

1 dünnes Putenschnitzel (ca. 150 g)
Salz, Cayennepfeffer
1 kleine Knoblauchzehe
1 EL natives Kokosöl
30 g gehackte Erdnüsse (ungesalzen), 200 ml Hühner- oder Gemüsebrühe
5 EL Sahne
1 dünne Frühlingszwiebel
1-2 TL Limettensaft
4-6 Holzspieße

Pro Portion ca. 23 g EW, 4 g KH

1 Das Fleisch waschen, trocken tupfen und längs in etwa 2 cm breite Streifen schneiden. Fleischstreifen wellenartig auf Holzspieße stecken, leicht mit Salz und Cayennepfeffer würzen.

2 Den Knoblauch abziehen, fein würfeln und in ½ EL zerlassenen Kokosöl etwa 2 Minuten andünsten. Erdnüsse zufügen und kurz anrösten. Brühe und Sahne angießen, aufkochen und zugedeckt bei mittlerer Hitze etwa 10 Minuten kochen lassen.

3 Inzwischen in einer Pfanne das übrige Kokosöl erhitzen, die Putenspieße bei mittlerer Hitze auf jeder Seite etwa 3 Minuten braten. Frühlingszwiebel waschen, putzen und in feine Ringe schneiden. Die Suppe mit dem Schneidstab glatt pürieren, mit Salz, Cayennepfeffer und Limettensaft abschmecken. In tiefen Tellern anrichten, mit den Frühlingszwiebeln bestreuen. Die Putenspieße dazu servieren.

Zubereitung: 30 Minuten

Japanische Miso-Suppe

NC NOCARB

Zutaten für 2 Portionen

1 Stück Ingwer (ca. 1 cm)
600 ml Gemüsebrühe
1 EL Limettensaft
2 TL getrocknete Wakame-Algen (ca. 2 g; Bioladen)
1 EL helle Shiro-Miso-Paste (Asien-, Bioladen)
1 TL geröstetes Sesamöl
75 g Shiitakepilze
2 Frühlingszwiebeln
50 g Babyspinat, 100 g Tofu
½ Bund Koriandergrün

Pro Portion ca. 12 g EW, 7 g KH

1 Den Ingwer schälen und in Scheiben schneiden. Brühe zusammen mit Ingwer, Limettensaft und Algen aufkochen und etwa 2 Minuten bei mittlerer Hitze köcheln lassen. Miso-Paste mit 2-3 EL Wasser verrühren, mit dem Sesamöl in die Brühe geben und weitere 5 Minuten garen.

2 Von den Pilzen die Stiele entfernen, Pilzkappen in dünne Scheiben schneiden. Frühlingszwiebeln waschen, putzen und in feine Ringe schneiden. Spinat waschen, gut abtropfen lassen und verlesen. Tofu trocken tupfen, etwa 2 cm groß würfeln.

3 Pilze, Frühlingszwiebeln und Tofu in die Suppe geben, einmal aufkochen lassen. Koriandergrün waschen, trocken schütteln, Blätter abzupfen. Zum Servieren Spinat in Schalen oder Tassen verteilen und mit der heißen Suppe übergießen. Koriandergrün obendrauf streuen.

Zubereitung: 25 Minuten

Curry-Kokossuppe frutti di mare

Zutaten für 2 Portionen

250 g Meeresfrüchtemix (frisch oder tiefgekühlt)
1 kleine Möhre,
1 große Zwiebel
1 Knoblauchzehe
200 g kleine weiße Champignons
1 EL natives Kokosöl
2-3 TL rote Thai-Currypaste
500 ml Hühner- oder Fischbrühe
160 ml cremige Kokosmilch (Dose)
100 g Babyspinat
Salz, schwarzer Pfeffer
4 TL Limettensaft

Pro Portion ca. 21 g EW, 14 g KH

1 Die Meeresfrüchte auf einem Sieb abbrausen und gut abtropfen lassen, tiefgekühlte Meeresfrüchte antauen lassen. Möhre putzen, schälen und in Scheiben schneiden. Zwiebel und Knoblauch abziehen und klein würfeln. Pilze putzen, abreiben und halbieren.

2 In einem Topf das Kokosöl erhitzen. Zwiebel und Möhren darin bei mittlerer Hitze 2-3 Minuten dünsten. Currypaste und Knoblauch einrühren, kurz mitdünsten. Mit Brühe und Kokosmilch aufgießen, alles langsam zum Kochen bringen und bei mittlerer Hitze offen etwa 5 Minuten köcheln lassen. Dann die Pilze und die Meeresfrüchte hinzufügen, erneut aufkochen und bei geschlossenem Deckel und milder Hitze weitere 5 Minuten garen.

3 Inzwischen den Spinat waschen, gut abtropfen lassen und verlesen. Die Spinatblätter in die Suppe mischen und mit Salz, Pfeffer und Limettensaft kräftig abschmecken. Die Suppe in tiefe Teller oder Schalen verteilen und sofort servieren.

Zubereitung: 45 Minuten

»LASS MICH IN DEINEN SUPPENTOPF GUCKEN UND ICH SAGE DIR, WER DU BIST!«

Sprichwort aus Russland

Ayurvedische Kelpnudelsuppe

Zutaten für 2 Portionen

150 g Kelpnudeln (Nudeln aus der Meeresalge Kelp)
2 kleine Möhren
100 g Zucchini
75 g grüne Bohnen
1 Stängel Zitronengras
½ EL Ghee oder Butterschmalz
650 ml Gemüsebrühe
Salz, schwarzer Pfeffer

Pro Portion ca. 3 g EW, 11 g KH

1 Nudeln abgießen, gut mit Wasser abspülen und in kochendem Wasser etwa 1 Minute garen. Abgießen und abtropfen lassen.

2 Inzwischen Möhren und Zucchini putzen und schälen oder waschen, beides in feine Streifen schneiden. Bohnen waschen, putzen und schräg in Streifen schneiden. Vom Zitronengras die äußeren harten Hüllblätter entfernen, die unteren 10 cm in 4 Stücke schneiden.

3 Ghee oder Butterschmalz erhitzen, Gemüse darin 2-3 Minuten andünsten. Zitronengras dazugeben. Mit der Brühe aufgießen und bei mittlerer Hitze zugedeckt etwa 10 Minuten köcheln lassen. Die Nudeln zufügen und alles noch etwa 5 Minuten ziehen lassen. Zitronengras entfernen, Suppe salzen, pfeffern und in Schalen anrichten.

Zubereitung: 35 Minuten, Bild auf Seite 82

Asiatische Hühnersuppe

NC NOCARB

Zutaten für 2 Portionen

1 Knoblauchzehe
1 Stück Ingwer (ca. 1,5 cm)
2 rote Chilischoten
800 ml Gemüse- oder Hühnerbrühe
200 g Hähnchenbrustfilet
4 Endiviensalatblätter
2 Frühlingszwiebeln
100 g Zuckerschoten
100 g kleine Champignons
1-2 EL Tamari-Sojasauce

Pro Portion ca. 29 g EW, 10 g KH

1 Knoblauch und Ingwer schälen und in feine Scheiben schneiden. Chilis putzen und samt Kernen in Ringe schneiden. Die Hälfte davon mit Knoblauch und Ingwer in der Brühe aufkochen und zugedeckt etwa 10 Minuten köcheln lassen.

2 Inzwischen das Fleisch abbrausen, trocken tupfen und in etwa ½ cm breite Streifen schneiden. Endivienblätter waschen, trocken schütteln und in etwa 1 cm breite Streifen schneiden. Frühlingszwiebel waschen, putzen und in feine Ringe schneiden. Zuckerschoten waschen, putzen und schräg halbieren. Pilze putzen, abreiben und in dünne Scheiben schneiden.

3 Die Brühe durch ein Sieb in einen zweiten Topf gießen, mit Sojasauce würzen und erneut aufkochen. Fleisch, Endiviensalat, Frühlingszwiebeln, Zuckerschoten, Pilze und übrige Chilis dazugeben, zugedeckt 3-4 Minuten bei milder Hitze köcheln lassen. Suppe in Schalen anrichten.

Zubereitung: 35 Minuten

Brokkoli-Curry-Suppe

Zutaten für 2 Portionen

500 g Brokkoli
2 Knoblauchzehen
1 EL natives Kokosöl
3-4 TL scharfes Currypulver
600 ml Gemüsebrühe
160 ml ungesüßte Kokosmilch (Dose)
Salz, schwarzer Pfeffer
2 EL Sesam
150 g geschälte gegarte Garnelen (aus dem Kühlregal)

Pro Portion ca. 28 g EW, 13 g KH

1 Brokkoli waschen, putzen und in Röschen teilen, Stiele schälen und klein würfeln. Knoblauch abziehen und fein hacken. Das Kokosöl erhitzen, Brokkoli und Knoblauch darin 2–3 Minuten andünsten. Mit Curry bestäuben und kurz anschwitzen. Mit der Brühe und Kokosmilch aufgießen. Aufkochen und zugedeckt bei milder Hitze etwa 7 Minuten kochen, dann glatt pürieren, salzen und pfeffern.

2 Inzwischen den Sesam in einer kleinen Pfanne ohne Fett goldbraun rösten. Vom Herd nehmen und etwas abkühlen lassen. Die Garnelen abbrausen und trocken tupfen. Die Suppe in tiefen Tellern oder Schalen anrichten, die Garnelen darauf anrichten und mit dem gerösteten Sesam bestreuen. Sofort servieren.

Zubereitung: 25 Minuten

Löffel für Löffel pure Landlust

Diese Suppen bestechen mit einfachen Zutaten, frisch aus dem Garten oder vom Markt. Mit Kräutern verzaubert, sodass jeder Löffel ein Lächeln ins Gesicht beamt. Man vergisst, dass Kartoffeln fehlen, braucht keine Griesnockerl oder Eiernudeln, wenn zarter Kohlrabi die Hauptrolle spielt, Seelachs mit der Gurke flirtet oder Omas Hühnersuppe die Seele wärmt.

Bohnensuppe mit Forelle

NC NOCARB

Zutaten für 2 Portionen

100 g grüne Bohnen
1 Tomate, 2 Schalotten
1 Knoblauchzehe
½ Bund Kräuter (z.B. Petersilie, Liebstöckel, Oregano, Basilikum), 2 EL Olivenöl
500 ml Gemüse- oder Hühnerbrühe
200 g Forellenfilet (ohne Haut)
Salz, schwarzer Pfeffer

Pro Portion ca. 23 g EW, 7 g KH

1 Bohnen waschen, putzen und halbieren oder dritteln. Tomate waschen, halbieren und würfeln. Schalotten und Knoblauch abziehen und fein würfeln. Kräuter abbrausen, trocken schütteln, Blätter abzupfen, bis auf ein paar Blätter zum Garnieren hacken.

2 In einem Topf das Öl erhitzen, Schalotten darin glasig dünsten. Knoblauch zufügen und kurz mitdünsten. Mit der Brühe aufgießen, aufkochen lassen. Bohnen und Kräuter dazugeben und bei mittlerer Hitze etwa 10 Minuten garen.

3 Inzwischen das Forellenfilet abbrausen, trocken tupfen und in Stücke schneiden. Mit den Tomatenwürfeln in die Suppe geben, bei milder Hitze etwa 5 Minuten ziehen lassen. Suppe mit Salz und Pfeffer würzen, in tiefen Tellern anrichten. Mit den übrigen Kräutern bestreut servieren.

Zubereitung: 40 Minuten

Lauch-Spinat-Suppe mit Ei

Zutaten für 2 Portionen

1 dünne Stange Lauch
100 g Staudensellerie
1 EL Olivenöl
Salz, schwarzer Pfeffer
500 ml Gemüsebrühe
100 g Frischkäse (Halbfettstufe), 2 Eier
100 g Babyspinat
frisch geriebene Muskatnuss

Pro Portion ca. 16 g EW, 7 g KH

1 Den Lauch putzen, gut waschen, weiße und hellgrüne Teile in feine Ringe schneiden. Sellerie waschen, putzen und klein würfeln. Das Öl in einem Topf erhitzen, Lauch und Sellerie darin bei mittlerer Hitze 2-3 Minuten andünsten. Salzen und pfeffern. Mit der Brühe aufgießen, Frischkäse einrühren. Alles aufkochen und zugedeckt bei mittlerer Hitze etwa 15 Minuten garen.

2 Inzwischen die Eier in kochendem Wasser in 4-5 Minuten wachsweich kochen. Spinat waschen, gut abtropfen lassen und verlesen. Einige Blätter beiseitelegen, den Rest in die Suppe geben, erneut kurz aufkochen, dann die Suppe fein pürieren. Mit Salz, Pfeffer und Muskat abschmecken.

3 Eier abschrecken, pellen und längs halbieren. Suppe in tiefen Tellern mit den Eihälften anrichten. Mit den übrigen Spinatblättern bestreut servieren.

Zubereitung: 40 Minuten

Käse-Pfifferling-Suppe

Zutaten für 2 Portionen

200 g Spitzkohl
200 g Pfifferlinge
100 g Gruyère Käse
1 Knoblauchzehe
2 EL Olivenöl
500 ml Gemüsebrühe
1 EL frisch gehackter Thymian
Salz, schwarzer Pfeffer
100 ml Kochsahne (15% Fett)

Pro Portion ca. 20 g EW,
7 g KH

1 Den Spitzkohl waschen, putzen und in feine Streifen schneiden. Die Pfifferlinge putzen, abreiben und grob zerteilen. Den Käse entrinden und fein reiben.

2 Knoblauch abziehen, fein würfeln und in 1 EL heißem Öl kurz andünsten. Mit der Brühe aufgießen, aufkochen und zugedeckt bei milder Hitze etwa 5 Minuten garen. Dann den Käse bei milder Hitze unter Rühren in der Brühe schmelzen lassen.

3 Inzwischen das übrige Öl in einer Pfanne erhitzen. Spitzkohl, Pilze und Thymian darin bei mittlerer Hitze etwa 3 Minuten unter Wenden braten. Mit Salz und Pfeffer würzen. Sahne zur Suppe geben, mit dem Schneidstab schaumig aufmixen, salzen und pfeffern und mit dem Pfifferlingmix in tiefen Tellern anrichten.

Zubereitung: 30 Minuten

Petersilienwurzel-Suppe

Zutaten für 2 Portionen

300 g Petersilienwurzeln
1 Zwiebel
1 EL Olivenöl
Salz, schwarzer Pfeffer
1 EL Majoranblätter (frisch gehackt oder getrocknet)
500 ml Gemüsebrühe
6 Walnusskerne
3 Stiele Petersilie
2 TL Butter
100 g Schmand
3-4 TL Zitronensaft

Pro Portion ca. 8 g EW,
15 g KH

1 Die Petersilienwurzeln putzen, schälen und würfeln. Zwiebel abziehen und fein würfeln. Das Öl erhitzen, Zwiebel und Petersilienwurzeln bei mittlerer Hitze 2-3 Minuten andünsten. Mit Salz, Pfeffer und Majoran würzen. Brühe angießen, aufkochen und zugedeckt bei mittlerer Hitze etwa 20 Minuten garen.

2 Inzwischen die Nüsse grob hacken. Petersilie abbrausen, trocken schütteln, abzupfen und fein hacken. Die Butter in einer kleinen Pfanne erhitzen, Nüsse und Petersilie darin etwa 2 Minuten dünsten. Salzen und pfeffern.

3 Die Suppe vom Herd nehmen, Schmand unterrühren und alles fein pürieren. Mit Salz, Pfeffer und Zitronensaft abschmecken. Die Suppe in tiefen Tellern anrichten. Mit dem Petersilien-Nuss-Topping garnieren.

Zubereitung: 40 Minuten

Forever-Young-Gemüsesuppe

Für 2 Personen

1 große Möhre
1 Pastinake
300 g Brokkoli und/oder Blumenkohl
1 dünne Stange Lauch
1 Zwiebel
2 EL Olivenöl
625 ml Gemüsebrühe
2 Lorbeerblätter
1 Rosmarinzweig
100 g Kirschtomaten
Salz, schwarzer Pfeffer
1 TL edelsüßes Paprikapulver
einige Basilikumblätter

Pro Portion ca. 10 g EW, 16 g KH

1 Möhre und Pastinake putzen, schälen und in ½ cm dicke Scheiben schneiden. Brokkoli und Blumenkohl waschen, putzen und in Röschen teilen, die Brokkolistiele schälen und würfeln. Den Lauch waschen, putzen und in 1 cm breite Scheiben schneiden. Zwiebel abziehen und würfeln.

2 Das Öl in einem Topf erhitzen, die Zwiebel darin glasig dünsten. Möhre, Pastinake und Lauch dazugeben und bei mittlerer Hitze etwa 3 Minuten andünsten. Mit der Brühe auffüllen, zum Kochen bringen. Lorbeer und Rosmarinzweig zufügen, Blumenkohl und Brokkoli in den Topf geben und alles zugedeckt bei milder Hitze 12-15 Minuten köcheln lassen.

3 Inzwischen Kirschtomaten waschen und halbieren. Die Suppe mit Salz, Pfeffer und Paprikapulver würzen, Tomaten zufügen und noch etwa 5 Minuten auf der abgeschalteten Herdplatte ziehen lassen. Suppe auf tiefen Tellern anrichten. Basilikumblätter daraufstreuen.

Zubereitung: 40 Minuten

TIPP Schmeckt wahnsinnig lecker, wenn Sie diese Suppe vor dem Servieren mit 2 TL Pesto (Rezept Seite 38) würzen oder mit 2 EL frisch geriebenem Parmesan oder Pecorino bestreuen. Allerdings ist sie dann nicht mehr vegan, sondern vegetarisch.

»WILLST DU WIRKLICH WAS ERREICHEN IM LEBEN, DANN ZIELE DANEBEN.«

Vietnamesisches Sprichwort

Seelachs-Gurken-Suppe

Zutaten für 2 Portionen

1 rote Paprikaschote
300 g Gärtnergurken
1 Zwiebel, 1 Knoblauchzehe
1 EL Olivenöl
400 ml Gemüse- oder Hühnerbrühe
Salz, schwarzer Pfeffer
200 g Seelachsfilet
½ Bund Dill
100 g Naturjoghurt
1 TL Senf

Pro Portion ca. 23 g EW, 14 g KH

1 Die Paprika halbieren, entkernen, waschen und in etwa 2 cm große Stücke schneiden. Die Gurken schälen, längs halbieren, entkernen und in Scheiben schneiden. Die Zwiebel abziehen und in Spalten schneiden, Knoblauchzehe pellen und fein würfeln.

2 Das Öl erhitzen, die vorbereiteten Zutaten darin 4-5 Minuten andünsten. Mit der Brühe aufgießen, salzen und pfeffern. Aufkochen und etwa 10 Minuten im geschlossenen Topf bei mittlerer Hitze köcheln lassen.

3 Inzwischen das Fischfilet abbrausen, trocken tupfen, klein schneiden. In die Suppe geben, 5 Minuten ziehen lassen. Dill waschen, Blättchen abzupfen und fein hacken. Mit Joghurt und Senf vermischen. Vor dem Servieren in die Suppe rühren.

NC NOCARB

Zubereitung: 40 Minuten

Omas Frühlings-Hühnersuppe

Zutaten für 2 Portionen

½ küchenfertiges Huhn (ca. 750 g)
1 Lorbeerblatt
5 schwarze Pfefferkörner
Salz
1 kleine Zwiebel
1 Knoblauchzehe
1 Bund Suppengrün
150 g grüner Spargel
1 Mairübchen (ca. 150 g)
1 Möhre
schwarzer Pfeffer
2 EL gehackte Petersilie

Pro Portion ca. 36 g EW, 15 g KH

1 Das Huhn waschen, mit Lorbeer, Pfefferkörnern, Salz und 1 ¼ l Wasser in einen Topf geben, langsam aufkochen. Inzwischen Zwiebel und Knoblauch abziehen und hacken. Suppengrün waschen, putzen und grob hacken. Alles in den Topf geben und bei halb aufgelegtem Deckel etwa 2 Stunden köcheln lassen.

2 Etwa ½ Stunde vor Ende der Garzeit den Spargel waschen, putzen, im unteren Drittel schälen und schräg in 2 cm große Stücke schneiden. Rübchen und Möhre putzen, schälen und in kleine Würfel schneiden.

3 Die Suppe durch ein feines Sieb gießen, erneut aufkochen. Spargel, Rübchen und Möhre dazugeben und zugedeckt bei mittlerer Hitze etwa 10 Minuten garen. Inzwischen das Fleisch von den Knochen ablösen, klein schneiden und in der Suppe erhitzen. Salzen und pfeffern. Suppe in tiefen Tellern anrichten, mit Petersilie bestreut servieren.

Zubereitung: 45 Minuten, garen: 2 Stunden

Kürbis-Cremesuppe

Zutaten für 2 Portionen

1 Zwiebel
250 g Bio-Hokkaido-Kürbis
1 EL Olivenöl
1 TL edelsüßes Paprikapulver
300 ml Gemüsebrühe
100 ml Sahne
Salz, schwarzer Pfeffer
¼ Bund Schnittlauch
2 TL Kürbiskernöl

Pro Portion ca. 5 g EW, 20 g KH

1 Die Zwiebel abziehen und fein würfeln. Kürbis waschen, abtrocknen, entkernen und in grobe Würfel schneiden. Das Öl in einem Topf erhitzen, Zwiebel- und Kürbiswürfel sowie das Paprikapulver dazugeben und etwa 3 Minuten bei mittlerer Hitze andünsten. Mit der Brühe auffüllen, aufkochen und zugedeckt bei mittlerer Hitze etwa 15 Minuten kochen lassen, bis der Kürbis weich ist.

2 Die Sahne zufügen, Suppe fein pürieren, mit Salz und Pfeffer würzen. Schnittlauch abbrausen und in feine Röllchen schneiden. Die Suppe in tiefen Tellern anrichten und mit je 1 TL Kürbiskernöl beträufeln und mit dem Schnittlauch bestreut servieren.

Zubereitung: 35 Minuten, *Bild auf Seite 90*

Lauter Multikulti-Stadtsuppen

Aufregend wie Streetfood, dem Himmel so nah wie Wolkenkratzer-Penthouseflair, so bunt gewürzt wie ein Wochenmarkt ... Schlichtweg herrlich, was die Stadt so an Süppchen auftischt – praktisch kreuzt reiselustig. Probieren und abheben: Pak Choi oder Möhren-Kichererbsen-Suppe mit Harissa-Kernen oder Wildkräutersuppe mit Tofu-Croûtons.

Radieschensuppe mit Saibling

Zutaten für 2 Portionen

1 Bund Radieschen
1 Schalotte
2 TL Butter
300 ml Gemüsebrühe
150 g geräuchertes Saiblingfilet
100 ml ungesüßter Mandeldrink
Salz, schwarzer Pfeffer

Pro Portion ca. 22 g EW, 2 g KH

1 Den Radieschen acht zarte Blätter abschneiden, waschen und beiseitelegen. Die Radieschen putzen, waschen und klein schneiden. Die Schalotte abziehen, fein würfeln und in der zerlassenen Butter in einem Topf glasig dünsten. Radieschen dazugeben und mit der Brühe aufgießen. Aufkochen und zugedeckt bei milder Hitze etwa 10 Minuten köcheln lassen.

2 Inzwischen den Saibling enthäuten, in mundgerechte Stücke schneiden. Die Radieschenblätter in feine Streifen schneiden. Den Mandeldrink unter die Suppe rühren, alles mit dem Schneidstab fein pürieren. Mit Salz und Pfeffer abschmecken. Die Suppe in tiefen Tellern oder Schalen anrichten, die Saiblingstücke darauf geben. Die Suppe mit den Radieschenblättern garniert servieren. Sie schmeckt warm oder kalt.

Zubereitung: 30 Minuten

Grüne Spargel-Zitronengras-Suppe

Zutaten für 2 Portionen

1 Stange Zitronengras
1 Stück Ingwer (ca. 1 cm)
1 Knoblauchzehe
1 kleine rote Chilischote
1 EL Rapsöl
400 ml Hühnerbrühe
300 g grüner Spargel
150 g Kalbsfilet
100 ml ungesüßte Kokoscreme (Dose)
Salz
1-2 EL Limettensaft
6 Basilikumblätter

Pro Portion ca. 20 g EW, 6 g KH

1 Zitronengras halbieren und mit einem Plattierer kräftig anschlagen. Ingwer und Knoblauch schälen und in Scheiben schneiden. Chilischote putzen und in Ringe teilen. Alle Gewürze im heißen Rapsöl kurz andünsten. Mit der Brühe ablöschen, aufkochen und zugedeckt bei milder Hitze etwa 15 Minuten ziehen lassen.

2 Derweil den Spargel waschen, putzen, im unteren Drittel schälen, in 1 cm breite Stücke schneiden, die Spitzen längs halbieren. Das Filet waschen, trocken tupfen und in feine Streifen schneiden.

3 Die Brühe durch ein Sieb gießen, mit der Kokoscreme verrühren, einmal aufkochen lassen. Spargel und Fleischstreifen hineingeben, etwa 5 Minuten bei milder Hitze mitgaren. Suppe mit Salz und Limettensaft abschmecken und auf zwei Schalen verteilen. Basilikum in feine Streifen schneiden und darüberstreuen.

Zubereitung: 40 Minuten

Wurzelbouillon mit Wasabi-Nockerl

Zutaten für 2 Portionen

150 g Magerquark
2 TL Wasabi (Tube)
1 Eigelb
1 ½ EL Lupinenmehl
Salz, schwarzer Pfeffer
etwas abgeriebene Bio-Zitronenschale
50 g Rote-Bete-Knolle
1 kleine Möhre
1 kleine Petersilienwurzel
500 ml Gemüsebrühe
¼ Bund Schnittlauch

Pro Portion ca. 17 g EW, 15 g KH

1 Den Quark mit Wasabi, Eigelb und Lupinenmehl glatt rühren, mit Salz, Pfeffer und Zitronenschale würzen. Aus der Masse mit zwei Teelöffeln kleine Nockerl abstechen. In kochendes Salzwasser geben und offen bei milder Hitze etwa 10 Minuten ziehen lassen.

2 Inzwischen Rote Bete, Möhre und Petersilienwurzel putzen, schälen und in feine Streifen schneiden. Brühe aufkochen, Gemüsestreifen hineingeben und etwa 5 Minuten ziehen lassen.

3 Die Suppe mit Salz und Pfeffer abschmecken, in tiefe Teller verteilen. Die Nockerl mit einer Schaumkelle aus dem Salzwasser heben, abtropfen lassen und in die Brühe geben. Schnittlauch abbrausen, trocken schütteln, in feine Röllchen schneiden und obendrauf streuen.

Zubereitung: 30 Minuten

Klare Pak-Choi-Suppe mit Quinoa

Zutaten für 2 Portionen

40 g Quinoa
Salz
250 g Baby-Pak-Choi
1 Knoblauchzehe
1 Stück Kurkuma (ca. 1 cm)
1 rote Chilischote
1 EL Olivenöl
400 ml Gemüsebrühe
2 EL Zitronensaft
100 g Räuchertofu
1 TL Agavendicksaft

Pro Portion ca. 14 g EW, 22 g KH

1 Quinoa kalt abbrausen. In einem Topf 150 ml Wasser aufkochen, salzen und Quinoa dazugeben. Einmal aufkochen, dann zugedeckt bei milder Hitze etwa 15 Minuten köcheln lassen.

2 Inzwischen den Pak Choi waschen und putzen. Stiele abschneiden und klein würfeln, Blätter in feine Streifen schneiden. Knoblauch und Kurkuma schälen und fein würfeln. Chili abbrausen, putzen, entkernen und fein hacken. Öl erhitzen. Pak-Choi-Stiele, Knoblauch, Kurkuma und Chili dazugeben und 2-3 Minuten andünsten. Pak-Choi-Blätter zufügen, kurz mitdünsten. Mit Brühe und Zitronensaft aufgießen, zum Kochen bringen. Quinoa untermischen und alles zugedeckt weitere 5 Minuten köcheln lassen.

3 Inzwischen den Tofu trocken tupfen, klein würfeln und in der Suppe erwärmen. Mit Salz und Agavendicksaft abschmecken. Suppe in Schalen anrichten.

Zubereitung: 25 Minuten

Möhren-Kichererbsensuppe mit Harissa-Kernen

Für 2 Portionen

30 g gemischte Kerne (zum Beispiel Pinien-, Sonnenblumen-, Kürbiskerne)
1 TL Vollrohrzucker, Meersalz
1-2 TL Harissa-Gewürz
2 EL Eiklar (von 1 Ei)
1 Zwiebel
1 Knoblauchzehe
120 g Möhren
100 g Kichererbsen (aus der Dose)
1 EL Olivenöl
500 ml Gemüsebrühe
½ TL gemahlener Kreuzkümmel
2 TL Zitronensaft
2 Stiele Petersilie

Pro Portion ca. 10 g EW, 18 g KH

1 Die Kerne in einer kleinen Pfanne ohne Fett anrösten, bis sie duften. Zucker, ½ TL Meersalz und 1 TL Harissa sowie das Eiklar dazugeben und alles gut vermischen. Den Kernemix auf Backpapier auf einen Teller geben und abkühlen lassen.

2 Inzwischen Zwiebel und Knoblauchzehe abziehen und klein würfeln. Möhren schälen und klein würfeln. Kichererbsen auf ein Sieb abgießen, kalt abbrausen und gut abtropfen lassen.

3 Das Öl in einem Topf erhitzen, Möhren, Zwiebel und Knoblauch darin bei mittlerer Hitze 2-3 Minuten andünsten. Die Kichererbsen dazugeben, die Brühe zugießen, aufkochen und alles zugedeckt in etwa 10 Minuten weich kochen.

4 Die Suppe mit dem Schneidstab glatt pürieren, mit Salz, Harissa, Kreuzkümmel und Zitronensaft abschmecken. Petersilie abbrausen, Blätter abzupfen. Die Suppe in tiefe Teller oder Schalen füllen. Die Würzkerne grob hacken und obendrauf streuen. Mit Petersilienblättern garniert servieren.

Zubereitung: 40 Minuten

TIPP Praktisch! Von den Würzkernen gleich die doppelte oder dreifache Menge zubereiten und in einem Schraubglas aufbewahren. So hat man jederzeit ein raffiniertes Topping für Suppen und Salate parat.

»ICH LEBE VON GUTER SUPPE UND NICHT VON GUTER REDE!«

Molière

Kohlrabi-Limetten-Süppchen

Zutaten für 2 Portionen

2 zarte Kohlrabi
1 kleine weiße Zwiebel
1 Stück Ingwer (ca. 1 cm)
1 EL Olivenöl
500 ml Gemüsebrühe
5 EL Sahne
Salz, Cayennepfeffer
½ Bio-Limette
100 g Nordseekrabbenfleisch
1 Büschel Kresse

Pro Portion ca. 15 g EW, 9 g KH

1 Die Kohlrabi putzen, schälen und klein würfeln. Zwiebel abziehen, Ingwer schälen, beides fein würfeln. Alle drei im heißen Öl in einem Topf andünsten. Mit der Brühe auffüllen, aufkochen und zugedeckt bei mittlerer Hitze 10-12 Minuten garen.

2 Die Sahne dazugießen, alles mit dem Schneidstab fein pürieren. Die Suppe mit Salz, Cayennepfeffer, 1 TL abgeriebene Limettenschale und 1-2 EL Limettensaft abschmecken. Die Krabben in einem Sieb kurz abbrausen und gut abtropfen lassen. Die Suppe in zwei Schalen anrichten, jeweils die Hälfte der Krabben daraufgeben und mit der Kresse garniert servieren.

Zubereitung: 30 Minuten

NC NOCARB

Wildkräutersuppe mit Tofu-Croûtons

Zutaten für 2 Portionen

150 g Topinambur
1 Schalotte
2 Frühlingszwiebeln
2 ½ EL Olivenöl
375 ml Gemüsebrühe
125 ml Sojacreme
100 g Tofu
1 EL Tamari-Sojasauce
50 g Kräuter (zum Beispiel Brennnessel, Brunnenkresse, Kerbel, Pimpinelle, Löwenzahn, Sauerampfer)
Salz, schwarzer Pfeffer
8-10 Gänseblümchenblüten

Pro Portion ca. 13 g EW, 10 g KH

1 Den Topinambur unter fließendem Wasser abbürsten, eventuell schälen und zerkleinern. Schalotte abziehen und fein würfeln. Frühlingszwiebeln putzen, waschen und in feine Ringe schneiden. Alle drei in 1 EL heißem Öl 2-3 Minuten bei mittlerer Hitze andünsten. Brühe und Sojacreme hinzufügen, aufkochen. Zugedeckt bei milder Hitze etwa 20 Minuten köcheln.

NC NOCARB

2 Inzwischen den Tofu trocken tupfen, klein würfeln, mit der Sojasauce beträufeln und marinieren. Die Kräuter abbrausen, trocken schütteln, verlesen und grob hacken, in Suppe geben. Alles fein pürieren, mit Salz und Pfeffer abschmecken.

3 Das übrige Öl in einer Pfanne erhitzen. Tofu trocken tupfen und im heißen Öl unter Wenden in 5 Minuten rundherum hellbraun braten. Herausnehmen und auf Küchenpapier kurz abtropfen lassen. Suppe in Schalen verteilen, mit den Tofu-Croûtons bestreuen und mit den Gänseblümchen garniert servieren.

Zubereitung: 45 Minuten, *Bild auf Seite 98*

Kräuterseitling-Cappuccino

NC NOCARB

Zutaten für 2 Portionen

125 g Kräuterseitlinge
1 Schalotte
1 Knoblauchzehe
2 TL Butter
2 EL trockener Sherry
250 ml Knochen- oder Hühnerbrühe
Salz, schwarzer Pfeffer aus der Mühle
6 EL Sahne

Pro Portion ca. 11 g EW, 8 g KH

1 Die Pilze putzen, abreiben und würfeln. Schalotte und Knoblauch abziehen und klein würfeln. Alle drei in der zerlassenen Butter in einem Topf 2-3 Minuten andünsten. Mit dem Sherry ablöschen und einkochen lassen. Die Brühe dazugießen, aufkochen und die Suppe zugedeckt bei mittlerer Hitze etwa 10 Minuten köcheln lassen.

2 Die Suppe mit dem Schneidstab glatt pürieren, mit Salz und Pfeffer kräftig abschmecken. Drei Viertel von der Suppe in zwei hitzebeständige Gläser füllen. Die Sahne zur übrigen Pilzsuppe geben, die Mischung erneut aufkochen und mit dem Schneidstab schaumig mixen. Den Schaum auf die Suppe in den Gläsern verteilen und mit Pfeffer übermahlen. Sofort servieren.

Zubereitung: 35 Minuten

Sunshine Kitchen

LEICHTE GERICHTE

So nimmt man sich ganz einfach ein Stück Sonne mit ins Büro: Salade niçoise aus dem Glas. Der Eier-Spargel-Salat beamt einen direkt unter den Birnbaum am Bach. Auch im Winter. Die Sesamomelette mit Tofu schenkt einen Hauch asiatisches Flair – und das Ceviche lässt sich wunderbar unter den Wolken von Berlin genießen. Und das Beste: Unsere leichten Gerichte sind schnell zubereitet – perfekt zum Mitnehmen als Energieschub zwischendurch.

»Keine Liebe ist aufrichtiger als die Liebe zum Essen.«

George Bernard Shaw

MEDITERRAN

LANDLUST

ASIATISCH

URBAN

SIEBEN REGELN FÜR DIE LEICHTE KÜCHE

1 Unsere LEICHTGEWICHTE darf man mittags oder abends genießen. Sie lassen sich super vorbereiten. Dann einfach in ein Bügel-, Schraubglas oder in eine gut verschließbare Frischhaltebox füllen und über Nacht in den Kühlschrank stellen. Ein Tipp: Salate und Dressings separat transportieren und erst im Büro anrichten.

2 Bitte viel und bitter: BLATTSALAT. Milde Sorten wie Lollo rosso, Kopf-, Römer- und Feldsalat mit Bittersalaten wie Chicorée, Endivie oder Radicchio mischen – die kurbeln den Stoffwechsel an und regeln den Appetit.

3 FITNESS AUF DIE SCHNELLE? Verschiedene Blattsalate putzen, waschen, trocken schleudern, grob zerzupfen und locker in einen Frischhaltebeutel packen. Bleibt im Gemüsefach des Kühlschranks 3-4 Tage frisch, im Frischkühlfach bei 0 Grad bis zu 10 Tagen.

4 VINAIGRETTE AUF VORRAT: Die Vinaigrette aus Essig oder Zitronensaft und hochwertigen Pflanzenölen wie Oliven-, Lein- und Walnussöl wartet in Flasche oder Schraubglas im Kühlschrank auf ihren Einsatz. Wichtig: Vor Gebrauch immer gut schütteln.

5 ONTOP: MANDELN, NÜSSE UND KERNE liefern wertvolle Omega-3-Fettsäuren und peppen Salate und leichte Gerichte auf. Für einen kleinen Vorrat: Sonnenblumen-, Kürbis- und Pinienkerne mischen und in einer Pfanne ohne Fett bei mittlerer Hitze unter Wenden anrösten. In einer Dose oder in einem Twist-Off-Glas aufbewahren.

6 BITTE EIWEISS: Und zwar injeder Mahlzeit! Veggies ersetzen Geflügel, Fleisch, Schinken, Fisch und Meeresfrüchte in den Rezepten durch Milchprodukte wie körnigen Frischkäse, Quark, Feta oder Ricotta. Auch Tofu, Lupine und Eier sind wertvolle Alternativen. Wer nicht auf seine Eiweißformel kommt, Eiweißbedarf in Gramm – Körpergewicht x 2, trinkt selbstständig einen Eiweißshake zum Essen.

7 LOW-CARB-STAR AVOCADO. Sie macht satt, liefert wertvolles Vitamin E und reguliert den Blutzucker runter. Noch Hunger? Avocado halbieren, mit etwas Zitronensaft beträufeln und loslöffeln. Die zweite Hälfte mit Kern in Folie verpackt im Kühlschrank aufbewahren.

So leicht ist Mittelmeer

Wenn bei Capri die rote Sonne im Meer versinkt ... duftet es nach gebratenen Garnelen. Das Mittelmeer ist bekannt für seine leichte, herzgesunde Forever-Young-Küche. Und unvergesslich wird diese nach dem Genuss unseres Kalbscarpaccios, des marinierten Ziegenkäses, der Ricotta-Spinat-Frittata, der Antipasti all'italiana. Getrost vergessen wird man die eingebildete Notwendigkeit von Brot und Pasta.

Hirtensalat mit Feta

Zutaten für 2 Portionen

3 Frühlingszwiebeln
2 Tomaten
2 Bio-Minigurken
1 ½ EL Weißweinessig
Salz, schwarzer Pfeffer
2 EL Olivenöl
1 rote Peperoni
40 g schwarze Oliven
100 g Feta
½ Bund Petersilie
2 Zitronenspalten

Pro Portion ca. 11 g EW, 8 g KH

1 Die Frühlingszwiebeln waschen, putzen und in feine Ringe schneiden. Tomaten waschen, halbieren, ohne Stielansatz achteln. Gurken waschen, abtrocknen und in dünne Scheiben schneiden. Alles auf zwei Tellern dekorativ anrichten. Für das Dressing den Essig, Salz, Pfeffer und Olivenöl verrühren, über den Salat träufeln.

2 Die Peperoni waschen, putzen und in Ringe schneiden. Die Oliven abtropfen lassen. Den Feta in kleine Würfel schneiden. Petersilie abbrausen, trocken schütteln, die Blätter abzupfen und fein hacken. Peperoni, Oliven und Feta auf dem Salat verteilen, mit der Petersilie bestreuen. Jeweils eine Zitronenspalte zum Nachwürzen dazu reichen.

NC NOCARB

Zubereitung: 20 Minuten

Spargel mit Gemüsesugo

Zutaten für 2 Portionen

1 gelbe Spitzpaprika
1 Stange Staudensellerie
1 kleine Zwiebel
1 kleine Knoblauchzehe
1 ½ EL Olivenöl
Salz, schwarzer Pfeffer
½ TL Kräuter der Provence
200 g Tomatenstücke (Dose)
1-2 EL weißer Aceto balsamico
400 g grüner Spargel
2-3 Stiele Basilikum
100 g Parmaschinken (dünn aufgeschnitten)

Pro Portion ca. 20 g EW, 13 g KH

1 Paprika und Staudensellerie waschen, putzen und in kleine Würfel schneiden. Zwiebel und Knoblauch abziehen und fein würfeln, im heißen Öl in einer kleinen Pfanne glasig dünsten. Paprika und Staudensellerie dazugeben, 2-3 Minuten mitdünsten. Mit Salz, Pfeffer und Kräutern der Provence würzen. Tomaten, 3 EL Wasser und Essig untermischen. Offen etwa 10 Minuten köcheln lassen. Vom Herd nehmen und lauwarm abkühlen lassen.

2 Inzwischen den Spargel waschen, Endstücke abschneiden, die Stangen im unteren Drittel schälen. In kochendem Salzwasser bei mittlerer Hitze in 7-10 Minuten bissfest garen.

3 Den Spargel mit einer Schaumkelle aus dem Kochwasser heben, abtropfen lassen, auf zwei Tellern anrichten und mit der Gemüsesauce überziehen. Den Schinken dazu arrangieren, mit Basilikumblättern garniert servieren.

Zubereitung: 30 Minuten

Ricotta-Spinat-Frittata

Zutaten für 2 Portionen

100 g Babyspinat
2 getrocknete Tomaten
4 Eier
100 g Ricotta
Salz, schwarzer Pfeffer
frisch geriebene Muskatnuss
2 EL Olivenöl
20 g Pecorino

Pro Portion ca. 23 g EW,
8 g KH

NC NOCARB

1 Den Spinat waschen, gut abtropfen lassen und verlesen, dann grob hacken. Tomaten in 1-2 mm dünne Streifen schneiden. Die Eier mit dem Ricotta in ein hohes Rührgefäß geben und mit dem Schneidstab glatt pürieren. Mit Salz, Pfeffer und Muskat würzen. Spinat und Tomaten untermischen.

2 Das Öl in einer kleinen beschichteten Pfanne (etwa 20 cm Ø) erhitzen. Die Ei-Spinat-Masse hineingeben und bei mittlerer Hitze zugedeckt 12-15 Minuten stocken lassen. Dann die Frittata vorsichtig am Pfannenrand lösen, mithilfe eines Tellers wenden und in 2-3 Minuten fertig backen.

3 Den Pecorino entrinden und grob raspeln. Die Frittata auf einen Teller gleiten lassen, mit dem Käse bestreuen und in Stücke schneiden. Nach Belieben warm oder kalt servieren.

Zubereitung: 25 Minuten

Kalbscarpaccio mit Pilzen

Zutaten für 2 Portionen

200 g Kalbsfilet
Meersalz, schwarzer Pfeffer aus der Mühle
100 g kleine Champignons
2 EL Zitronensaft, 1 Tomate
2 TL Aceto balsamico
1 TL Basilikum-Pesto
2 EL Olivenöl und Olivenöl zum Bestreichen
2 Stiele Basilikum
1 EL gehobelter Parmesan

Pro Portion ca. 24 g EW,
4 g KH

NC NOCARB

1 Das Kalbsfilet trocken tupfen, in möglichst dünne Scheiben schneiden und zwischen zwei Lagen Frischhaltefolie sehr flach klopfen (plattieren). Zwei Teller mit Olivenöl einpinseln, mit Salz und Pfeffer bestreuen. Filetscheiben darauf ausbreiten.

2 Die Champignons putzen, Stielenden abschneiden, dann die Pilze in sehr dünne Scheiben schneiden oder hobeln und mit dem Zitronensaft beträufeln. Die Tomate waschen, vom Stielansatz befreien, vierteln, entkernen und in kleine Würfel schneiden. Den Essig mit Pesto, Salz, Pfeffer und 2 EL Olivenöl verrühren.

3 Die Pilze und Tomatenwürfel auf dem Fleisch verteilen. Die Pesto-Vinaigrette darüberträufeln. Basilikum kurz abbrausen, Blätter abzupfen und in feine Streifen schneiden. Basilikum und Parmesan vor dem Servieren obendrauf streuen.

Zubereitung: 30 Minuten

Nizza-Salat mit Thunfisch

Zutaten für 2 Portionen

150 g grüne Bohnen
Salz
1 kleine rote Zwiebel
1 Tomate
1 Kopfsalat- oder Römersalatherz
1 Dose Thunfisch im eigenen Saft (etwa 120 g Abtropfgewicht)
2 hart gekochte Eier
40 g schwarze Oliven
50 ml Gemüsebrühe
2 EL Weißweinessig
½ TL Dijon-Senf
schwarzer Pfeffer
2 EL Olivenöl
2 Stiele Basilikum

Pro Portion ca. 26 g EW, 9 g KH

1 Die Bohnen waschen, putzen und in kochendem Salzwasser in etwa 7 Minuten bissfest garen. Abgießen, kalt abschrecken und abtropfen lassen.

2 Inzwischen die Zwiebel abziehen und dünne Ringe schneiden. Die Tomate waschen, ohne Stielansatz in Spalten schneiden. Das Salatherz abbrausen, trocken schütteln und in mundgerechte Stücke zupfen. Thunfisch abgießen, in Stücke zerpflücken. Die Eier pellen, längs halbieren. Die Oliven abtropfen lassen.

3 Für die Vinaigrette die Brühe mit dem Essig, Senf, Salz, Pfeffer und Olivenöl in einer Schüssel gründlich verquirlen. Bohnen, Tomate, Zwiebelringe, Salat, Thunfisch und Oliven gut untermischen. Mit Salz und Pfeffer abschmecken. Salat auf zwei Teller verteilen. Die Eier darauf anrichten und mit den abgezupften Basilikumblättern garnieren. Zum Mitnehmen den Salat in ein Bügelglas füllen und gut verschließen. Nach Belieben über Nacht in den Kühlschrank stellen.

Zubereitung: 30 Minuten

TIPP Noch edler wird´s, wenn Sie frisches Thunfischfilet verwenden: 200 g Thunfisch in 1 EL heißem Olivenöl von jeder Seite 1-2 Minuten kurz und scharf anbraten. Mit Salz und Pfeffer würzen, in Scheiben schneiden und auf dem Salat verteilen.

NC NOCARB

Ziegenkäse auf Baby-Leaf-Salat

Zutaten für 2 Portionen

4 Ziegenfrischkäsetaler
(z.B. Picandou; à ca. 30 g)
4 EL Zitronensaft
Salz, schwarzer Pfeffer
2 TL fein gehackter Thymian
3 EL Olivenöl
2 EL Pinienkerne
125 g junger Pflücksalat
(z.B. Rucola, Mangold,
Babyspinat)
100 g Kirschtomaten
1 Schalotte
1 EL Mandel- oder Arganöl

Pro Portion ca.
13 g EW, 6 g KH

NC
NOCARB

1 Den Ziegenkäse in eine flache Schale legen. 2 EL Zitronensaft, Salz, Pfeffer, Thymian und 2 EL Olivenöl verrühren. Über den Käse träufeln und mit Folie abgedeckt etwa 1 Stunde, besser über Nacht, im Kühlschrank durchziehen lassen. Zwischendurch einmal wenden.

2 Die Pinienkerne in einer Pfanne ohne Fett bei mittlerer Hitze goldbraun anrösten und abkühlen lassen. Salatblätter waschen und trocken schleudern. Tomaten waschen und halbieren. Die Schalotte abziehen und fein würfeln.

3 Für die Vinaigrette den übrigen Zitronensaft mit 2 EL Wasser, Salz und Pfeffer verquirlen. Übriges Olivenöl und das Mandel- oder Arganöl unterschlagen. Schalottenwürfel unterheben. Die Salatblätter und Tomaten auf zwei Teller verteilen, die Zitronenvinaigrette darüberträufeln. Den Ziegenkäse aus der Marinade heben, kurz abtropfen lassen und auf dem Salat anrichten. Mit den Pinienkernen bestreut servieren.

Zubereitung: 25 Minuten, marinieren: 1 Stunde

Knoblauch-Zucchini-Garnelen

NC NOCARB

Zutaten für 2 Portionen

200 g rohe küchenfertige Garnelen, evtl. mit Schwanzflossen (Gambas)
1 weiße Zwiebel
2 Knoblauchzehen
250 g junge Zucchini
3 EL Olivenöl
Salz, schwarzer Pfeffer
1-2 TL Zitronesaft
½ - 1 TL Pul Biber (scharfe Paprikaflocken)

Pro Portion ca. 22 g EW, 7 g KH

1 Die Die Garnelen am Rücken entlang einschneiden, abbrausen und trocken tupfen. Zwiebel und Knoblauch abziehen, Zwiebel längs in Streifen, Knoblauch in dünne Scheiben schneiden. Zucchini waschen, putzen und in Stifte schneiden. 2 EL Öl in einer Pfanne erhitzen, Zwiebel und Knoblauch darin glasig dünsten. Zucchini zufügen und unter Rühren 2-3 Minuten leicht anbraten, mit Salz, Pfeffer und Zitronensaft würzen. Gemüse aus der Pfanne nehmen und abgedeckt beiseitestellen.

2 Das übrige Öl in der Pfanne stark erhitzen, Garnelen darin 2-3 Minuten anbraten. Mit Pul Biber und Salz würzen. Garnelen auf dem Zucchinigemüse servieren. Schmeckt warm oder kalt.

Zubereitung: 20 Minuten

Antipasti all´italiana

Zutaten für 2 Portionen

60 g Bistrosalami
Je 6 grüne und schwarze Oliven, 60 g italienischer Hartkäse, Parmesan oder Grana Padano)
4 Artischockenherzen in Öl (aus dem Glas)
40 g Macadamiakerne
4 TL Aceto balsamico
Meersalz, Pfeffer
6 Basilikumblätter

Pro Portion ca. 20 g EW, 9 g KH

1 Die Salami häuten und schräg in dünne Scheiben schneiden. Die Oliven gut abtropfen lassen. Den Käse grob hacken. Die Artischockenherzen abgießen, abtropfen lassen und vierteln. Die Macadamiakerne in einer kleinen Pfanne ohne Fett goldbraun rösten, vom Herd nehmen und abkühlen lassen.

2 Salami, Oliven, Käse, Artischocken und Macadamiakerne nebeneinander auf zwei Tellern dekorativ anrichten. Mit je 2 TL Aceto balsamico beträufeln, leicht salzen und mit Pfeffer übermahlen. Die Basilikumblätter kurz abbrausen, trocknen und die Antipasti-Teller damit garnieren.

Zubereitung: 15 Minuten

NC NOCARB

Leichte Lust auf Curry & Co.

Und noch einmal lade ich zu einer kleinen kulinarischen Weltreise ein. Und verspreche: Die asiatische Küche ist schon ein bisschen mehr als Tofu, Reis, Sojasauce ... Tanken Sie ein wenig vom dem Flair und den Düften der kleinen Garküchen – mit unserem Glasnudelsalat, dem Curry-Tofu-Grünkohl, dem japanischen Rinderfilet. Und nach dem Essen überrascht wieder die Leichtigkeit des Seins.

Rettichgemüse Fernost

NC NOCARB

Zutaten für 2 Portionen

1 EL Sesam
250 g schlanker Rettich
1 Minigurke (ca. 150 g)
2 schlanke Frühlingszwiebeln
2 EL Weißweinessig
Salz, schwarzer Pfeffer
2 EL Traubenkernöl
2 TL geröstetes Sesamöl
1 rote Chilischote
½ Bund Koriandergrün

Pro Portion ca. 3 g EW, 6 g KH

1 Den Sesam in einer Pfanne ohne Fett 2–3 Minuten bei mittlerer Hitze anrösten. Vom Herd nehmen und abkühlen lassen.

2 Den Rettich putzen, schälen und in sehr dünne Scheiben schneiden oder hobeln. Die Gurke waschen, abtrocknen und in dünne Scheiben schneiden. Die Frühlingszwiebeln waschen, putzen, weiße und hellgrüne Teile in feine Ringe schneiden. Rettich- und Gurkenscheiben leicht überlappend auf zwei großen Tellern auslegen und mit den Frühlingszwiebeln bestreuen.

3 Essig, 2 EL Wasser, Salz, Pfeffer, Traubenkern- und Sesamöl gründlich verrühren. Die Chilischote putzen, halbieren, entkernen, winzig klein würfeln und untermischen. Die Marinade über das Gemüse träufeln. Mit dem gerösteten Sesam bestreuen. Koriander abbrausen, Blätter abzupfen und auf das Carpaccio streuen.

Zubereitung: 20 Minuten

Sesam-Tofu-Omelette

Zutaten für 2 Portionen

150 g Tofu natur
1 rote Chilischote
1 Knoblauchzehe
2 EL Erdnussöl
125 g Baby-Pak-Choi
4 Eier
4 EL Sahne
Salz, schwarzer Pfeffer
½ EL Sesam

Pro Portion ca. 28 g EW, 5 g KH

NC NOCARB

1 Den Tofu trocknen und 1 cm groß würfeln. Chilischote entkernen, Knoblauch schälen, beides fein würfeln und mit 1 EL Öl zu einer Marinade verrühren. Tofu untermischen und ziehen lassen.

2 Pak Choi putzen, waschen, längs halbieren, Stiele in feine, die Blätter in 1 cm breite Streifen schneiden. Eine mittelgroße Pfanne stark erhitzen, Tofu samt Marinade und Pak Choi hineingeben und bei starker Hitze etwa 3 Minuten unter Wenden braten. Gemüsemix aus der Pfanne nehmen und warm halten.

3 Inzwischen Eier und Sahne verquirlen, salzen und pfeffern. In der Pfanne das übrige Öl erhitzen, den Sesam darin bei mittlerer Hitze goldbraun rösten. Eiersahne darübergießen und bei milder Hitze 2-3 Minuten stocken lassen. Omelette auf eine Platte gleiten lassen, Gemüse-Tofu-Mischung auf eine Hälfte geben, Omelette zuklappen, teilen und auf zwei vorgewärmten Tellern anrichten.

Zubereitung: 25 Minuten

Thai-Meeresfrüchtesalat

NC NOCARB

Zutaten für 2 Portionen

350 g TK-Meeresfrüchte-mischung (gekocht)
4 Kopfsalatblätter
2 Frühlingszwiebeln, 1 Möhre
100 g Mungobohnensprossen
4 EL Limettensaft
1-2 EL Fischsauce, Pfeffer
2 Prisen Vollrohrzucker
2 EL Erdnusskernöl
1 Stück Ingwer (ca. 2 cm)
1 rote Chilischote
einige Blätter Thai-Basilikum

Pro Portion ca. 22 g EW, 10 g KH

1 Die Meeresfrüchte auftauen lassen, in einem Sieb lauwarm abbrausen, abtropfen lassen und trocken tupfen. Inzwischen den Salat waschen, trocken schütteln, putzen und mundgerecht zerpflücken. Die Frühlingszwiebeln waschen und putzen, weiße und hellgrüne Teile in feine Ringe schneiden. Die Möhre putzen oder schälen und in feine Streifen schneiden. Die Sprossen in einem Sieb abbrausen und gut abtropfen lassen.

2 Für das Dressing Limettensaft mit Fischsauce, Pfeffer, Zucker und Öl verquirlen. Ingwer schälen und fein würfeln. Chilischote waschen, putzen, halbieren, entkernen und winzig klein würfeln. Beides unter die Sauce geben. Meeresfrüchte, Salat, Frühlingszwiebeln, Möhren und Sprossen zufügen und untermischen. Salat auf zwei Tellern anrichten. Mit Thai-Basilikumblättern garniert servieren.

Zubereitung: 20 Minuten, plus auftauen

Cashew-Spitzkohlsalat

Zutaten für 2 Portionen

250 g Spitzkohl
Salz, schwarzer Pfeffer
1 rote Zwiebel
1 rote Spitzpaprikaschote
1 kleiner säuerlicher Apfel
1 EL Limettensaft
1 EL Cashewmus
1 ½ EL Traubenkernöl
2 EL Sojajoghurt natur
½ Bund Koriandergrün
1 EL Cashewkerne

Pro Portion ca. 8 g EW, 19 g KH

1 Den Spitzkohl waschen, putzen und ohne Strunk quer in feine Streifen schneiden. Kohlstreifen in einer Schüssel mit ¼ TL Salz und etwas Pfeffer vermischen und etwa 2 Minuten kräftig kneten. Zwiebel abziehen und vierteln, Paprika putzen und waschen, beides in feine Streifen schneiden. Apfel waschen, abtrocknen, vierteln, entkernen und quer in dünne Scheibchen schneiden. Zwiebel, Paprika und Apfel zum Kohl geben.

2 Für das Dressing Limettensaft, Cashewmus, Salz, Pfeffer, Öl und Joghurt verrühren und unter den Kohlsalat mischen. Das Koriandergrün abbrausen, trocken schütteln, abzupfen, hacken und untermischen. Den Salat etwa 15 Minuten ziehen lassen.

3 Inzwischen die Cashewkerne grob hacken. Den Salat evtl. nachwürzen und mit den Cashewkernen bestreut servieren.

Zubereitung: 35 Minuten

Asiatischer Glasnudelsalat

Zutaten für 2 Portionen

30 g Glasnudeln
(aus Mungobohnen;
im Asienladen)
250 g Bio-Salatgurke
3 Frühlingszwiebeln
1 rote Spitzpaprika
(ca. 80 g)
100 g Radieschen
4 EL Limettensaft
1-2 EL Chilisauce
2 EL Erdnuss- oder
Traubenkernöl
1 Stück Ingwer (ca. 2 cm)
½ Bund Koriandergrün
30 g Erdnusskerne
100 g Roastbeef-Aufschnitt

Pro Portion ca. 18 g EW,
26 g KH

1 Die Glasnudeln nach Packungsangabe kochen, abschrecken und gut abtropfen lassen, dann die Nudeln mit einer Schere mehrmals durchschneiden. Inzwischen die Gurke waschen, streifig schälen, längs halbieren, entkernen und quer in Scheiben schneiden. Die Frühlingszwiebeln waschen und putzen, das Weiße und Hellgrüne in feine Scheiben schneiden. Die Spitzpaprika längs halbieren, putzen, entkernen, waschen und quer in dünne Streifen schneiden. Die Radieschen waschen, putzen und in feine Scheiben schneiden.

2 Für das Dressing Limettensaft, Chilisauce und Erdnuss- oder Traubenkernöl verrühren. Ingwer schälen, fein reiben und untermischen. Das Koriandergrün abbrausen, trocken schütteln, die Blätter abzupfen und grob hacken.

3 Glasnudeln, Gurke, Frühlingszwiebeln, Paprika, Radieschen und Koriandergrün mit dem Dressing mischen und in Schalen anrichten und mit grob gehackten Erdnüssen bestreuen. Den Roastbeef-Aufschnitt dekorativ dazu anrichten.

Zubereitung: 25 Minuten

TIPP Statt Roastbeef 200 g Tofu (z.B. mit Mandeln) in ½ cm dicke Scheiben schneiden und in einer Marinade aus ½ TL Sambal Oelek, 1 TL Honig, 4 EL Sojasauce und 2 EL Limettensaft 30 Minuten marinieren. Den Tofu trocken tupfen und in 2 EL Öl in einer beschichteten Pfanne von jeder Seite 1-2 Minuten hellbraun anbraten.

No-Carb-Frühlingsrollen

NC
NOCARB

Zutaten für 2 Portionen

6 Scheiben gegarter Putenbrust-Aufschnitt (ca. 100 g), 1-2 TL Sambal Oelek, 2 schlanke Frühlingszwiebeln,
2 TL + 1 EL Tamari-Sojasauce
6 Schnittlauchhalme
1 Radicchio (ca. 200 g)
1 Stück Ingwer (ca. 1 cm)
2 EL Limettensaft
2 TL geröstetes Sesamöl
1 EL Traubenkernöl
Sesam

Pro Portion ca. 14 g EW, 5 g KH

1 Die Die Putenscheiben nebeneinander legen, dünn mit Sambal Oelek bestreichen. Frühlingszwiebeln und Paprika waschen, putzen und beides in feine, gleichmäßig lange Streifen schneiden. Gemüse quer auf die Putenbrustscheiben legen, mit 2 TL Sojasauce beträufeln, dann aufrollen und mit je 1 Schnittlauchhalm zubinden.

2 Vom Radicchio die äußeren Blätter entfernen, Kopf längs vierteln, Strunk entfernen, die Viertel quer in feine Streifen schneiden. Für das Dressing den Ingwer schälen und sehr klein würfeln. Den Limettensaft mit 3 EL Wasser, gewürfeltem Ingwer, übriger Sojasauce, Sesam- und Traubenkernöl verquirlen. Radicchio darin wenden, auf zwei Teller verteilen. Die Putenröllchen daneben anrichten und mit dem Sesam bestreut servieren.

Zubereitung: 20 Minuten

TIPP Für noch mehr Aroma den Sesam noch in einer Pfanne ohne Fett goldbraun anrösten.

Rinderfilet japanische Art

NC NOCARB

Zutaten für 2 Portionen

250 g Rinderfilet
(aus der Mitte)
2 TL Erdnussöl
Salz, schwarzer Pfeffer
1 EL ungeschälter Sesam
80 g Babyspinat
75 g Shiitakepilze
1 Handvoll Sprossen
(z.B. Radieschen, Rettich)
2 EL Limettensaft
2 EL Tamari-Sojasauce
2 TL geröstetes Sesamöl
1 TL fein geriebener Ingwer

Pro Portion ca. 42 g EW,
5 g KH

1 Das Fleisch trocken tupfen. Eine Pfanne mit dem Öl einstreichen, erhitzen. Das Fleisch darin von beiden Seiten 1-2 Minuten scharf anbraten. Aus der Pfanne nehmen, salzen und pfeffern, in Alufolie wickeln und etwa 10 Minuten ruhen lassen.

2 Die Pfanne auswischen, den Sesam darin bei mittlerer Hitze goldbraun anrösten und abkühlen lassen. Den Spinat waschen, gut abtropfen lassen und verlesen. Die Shiitakepilze vom Stiel befreien, die Hüte abreiben und in dünne Scheiben schneiden. Die Sprossen in einem Sieb kalt abbrausen und gut abtropfen lassen.

3 Für die Marinade den Limettensaft mit Sojasauce, Salz, Pfeffer, Sesamöl und Ingwer verrühren. Das Fleisch mit einem scharfen Messer in dünne Scheiben schneiden und auf zwei Teller arrangieren. Spinat, Pilze und Sprossen darauf verteilen. Alles mit der Marinade beträufeln und mit dem Sesam bestreut servieren.

Zubereitung: 25 Minuten, Bild auf Seite 118

Curry-Tofu-Grünkohl

Zutaten für 2 Portionen

250 g zarter Grünkohl
(z.B. Picco Kale)
1 kleine rote Chilischote
1 Zwiebel, 1 Knoblauchzehe
100 g Mango-Curry-Tofu
1 EL natives Kokosöl
1 TL scharfes Currypulver
4-5 EL Gemüsebrühe
1-2 TL Limettensaft
Salz, schwarzer Pfeffer

Pro Portion ca. 11 g EW,
10 g KH

1 Den Grünkohl waschen, abtropfen lassen, evtl. holzige Stiele abschneiden, die Blätter verlesen und in feine Streifen schneiden. Chilischote putzen, längs halbieren, entkernen und in feine Halbringe schneiden. Zwiebel und Knoblauch abziehen und fein würfeln. Tofu trocken tupfen und in 1 cm große Würfel schneiden.

2 Das Kokosöl in einem Wok sehr heiß werden lassen. Zwiebel, Knoblauch und Chili dazugeben und unter Rühren etwa 1 Minute anbraten. Mit dem Currypulver bestäuben, kurz anschwitzen. Den Grünkohl dazugeben und unter Rühren 5 Minuten braten. Die Brühe angießen, Tofu untermischen und alles 2-3 Minuten bei mittlerer Hitze offen garen. Mit Limettensaft, Salz und Pfeffer würzen. Sofort servieren.

Zubereitung: 25 Minuten

NC NOCARB

Picknick auf dem Lande

»Wochenend und Sonnenschein und dann mit dir im Wald allein, weiter brauch ich nichts zum Glücklichsein ...« bis auf die Liebe, die bekanntlich durch den Magen geht. Wir nennen sie beim Namen: Spargel-Eiersalat, Paprika-Sauerkraut-Rohkost, Schinkensülze mit Kerbel-Dip ... lauter gute Dinge, die unser Fettzellenkonto nicht belasten – und unseren Appetit mit Leichtigkeit segnen.

Schinkensülze mit Kerbel-Dip

NC NOCARB

Zutaten für 2 Portionen

80 g gekochter Schinken
3-4 Cornichons (ca. 50 g)
4 Stiele Petersilie
250 ml Gemüsebrühe
1 TL Agar-Agar (Reformhaus)
Salz, schwarzer Pfeffer
100 g Magerquark
3-4 EL Milch
1 Handvoll Kerbel
1 Frühlingszwiebel
½ TL Senf

Pro Portion ca. 13 g EW, 7 g KH

1 Schinken und Cornichons klein würfeln, mischen und in zwei Portionsförmchen (à 200 ml) verteilen. Petersilie abbrausen, trocken schütteln, Blätter abzupfen und hacken. Brühe mit Agar-Agar und Petersilie verrühren, aufkochen und 1-2 Minuten köcheln lassen. Vom Herd nehmen, salzen und pfeffern, etwas abkühlen lassen, dann in die Förmchen über den Schinken gießen. Im Kühlschrank zugedeckt in etwa 2 Stunden gelieren lassen.

2 Inzwischen Quark und Milch glatt rühren. Kerbel abbrausen, trocken schütteln, abzupfen und hacken. Frühlingszwiebel putzen, waschen und in dünne Scheiben schneiden. Beides unter den Quark mischen, mit Senf, Salz und Pfeffer abschmecken.

3 Vor dem Servieren die Sülze vorsichtig aus der Form stürzen. Mit dem Kerbel-Dip auf Tellern anrichten und servieren.

Zubereitung: 20 Minuten, gelieren: 2 Stunden

Radieschen-Sprossen-Salat

Zutaten für 2 Portionen

1 EL Sonnenblumenkerne
2 Römersalatherzen
1 Bund Radieschen
30 g Sprossenmix (z.B. Rettich, Radieschen, Alfalfa)
100 ml Buttermilch
2-3 TL Weißweinessig
1 TL scharfer Senf
Salz, schwarzer Pfeffer
1 EL Walnussöl
½ Bund Schnittlauch

Pro Portion ca. 7 g EW, 9 g KH

1 Sonnenblumenkerne in einer Pfanne ohne Fett anrösten. Vom Herd nehmen und abkühlen lassen. Salate waschen, putzen, längs achteln, dabei den Strunk abschneiden, aber nicht entfernen. Radieschen waschen, putzen und in dünne Scheiben hobeln. Sprossen in einem Sieb kurz abbrausen und gut abtropfen lassen.

2 Buttermilch mit Essig, Senf, Salz, Pfeffer und Walnussöl verrühren. Schnittlauch abbrausen, trocken schütteln und in feine Röllchen schneiden. Die Hälfte davon unter das Dressing mischen.

3 Salatspalten auf zwei Teller verteilen, mit den Radieschen bestreuen und mit dem Buttermilch-Dressing teilweise überziehen. Sprossen, Sonnenblumenkerne und übrigen Schnittlauch vor dem Servieren aufstreuen.

NC NOCARB

Zubereitung: 20 Minuten

Grüner Bohnen-Kasseler-Salat

Zutaten für 2 Portionen

250 g grüne Bohnen, Salz
1 EL Kürbiskerne
1 kleine rote Zwiebel, 150 g gelbe und rote Kirschtomaten
½ Bund Petersilie
½ Knoblauchzehe
2 EL Rotweinessig
Salz, schwarzer Pfeffer
2 TL Kürbiskernöl
2 EL Olivenöl
100 g Kasseler-Aufschnitt

Pro Portion ca. 16 g EW, 11 g KH

1 Die Bohnen waschen, putzen, halbieren, in kochendem Salzwasser 8-10 Minuten garen, dann abgießen, eiskalt abschrecken und gut abtropfen lassen. Inzwischen die Kürbiskerne in einer Pfanne ohne Fett bei mittlerer Hitze anrösten. Abkühlen lassen. Die Zwiebel abziehen, halbieren und in feine Halbringe schneiden. Tomaten waschen und halbieren. Petersilie waschen, trocken schütteln, Blätter abzupfen und hacken.

2 Eine Schüssel mit dem aufgeschnittenen Knoblauch einreiben. Essig, Salz, Pfeffer und beide Ölsorten darin verquirlen. Lauwarme Bohnen, Zwiebel, Tomaten und Petersilie in der Vinaigrette wenden. Salat mit Salz und Pfeffer abschmecken und mit dem Kasseler-Aufschnitt anrichten. Mit Kürbiskernen bestreut servieren.

Zubereitung: 25 Minuten

Bergkäse-Gemüse-Teller

Zutaten für 2 Portionen

150 g Zucchini
150 g Zuckerschoten
1 zarter Kohlrabi
3 Frühlingszwiebeln
Salz, 1 EL Weißweinessig
schwarzer Pfeffer
3 EL Olivenöl
2 Zweige Thymian
80 g Bergkäse (in dünnen Scheiben)
½ Beet Kresse

Pro Portion ca. 18 g EW, 13 g KH

1 Zucchini waschen, putzen und längs in dünne Scheiben schneiden. Zuckerschoten waschen. Kohlrabi putzen, schälen, vierteln und in dünne Scheiben schneiden. Frühlingszwiebeln waschen, putzen, weiße und hellgrüne Teile quer halbieren.

2 Gemüse zusammen in reichlich kochendem Salzwasser etwa 1 Minute blanchieren. Abgießen, in einem Sieb eiskalt abbrausen und abtropfen lassen. Essig, Salz, Pfeffer und Öl verquirlen. Thymian abbrausen, Blättchen abstreifen, hacken und unter die Sauce rühren. Käsescheiben entrinden und in größere Stücke schneiden.

3 Zucchini, Kohlrabi, Zuckerschoten, Frühlingszwiebeln und Käse leicht überlappend auf zwei Tellern auslegen. Mit der Sauce beträufeln. Kresse abbrausen, vom Beet schneiden und vor dem Servieren darüberstreuen.

Zubereitung: 25 Minuten

Forever-Young-Bauernsalat

Zutaten für 2 Portionen

150 g gemischte Blattsalate (z. B. Feldsalat, Eichblattsalat, Kopfsalat, Löwenzahn, Lollo rosso, Romana, Frisée)
4 kleine Strauchtomaten
2 Minigurken
Je ½ gelbe und rote Paprikaschote (ca. 200 g)
4 Frühlingszwiebeln
10 Radieschen
2 EL Weißweinessig
Salz, schwarzer Pfeffer
2 TL Senf
2 EL Olivenöl
Je 1 EL Lein- und Walnussöl
1-2 EL gehackte Kräuter (z.B. Dill, Petersilie, Schnittlauch)

Pro Portion ca. 5 g EW, 13 g KH

1 Die Salate waschen, trocken schleudern, putzen, verlesen und in mundgerechte Stücke zupfen. Die Tomaten waschen und vierteln, die Gurken waschen, abtrocknen, längs halbieren, dann quer in Scheiben schneiden. Die Paprikaschoten halbieren, putzen, waschen und in sehr kleine Würfel schneiden. Die Frühlingszwiebeln und Radieschen waschen, putzen und in dünne Scheiben schneiden. Alle Blattsalate und Gemüsezutaten in einer großen Schüssel locker mischen.

2 Für die Vinaigrette den Essig mit 4 EL Wasser, Salz, Pfeffer und Senf mit dem Schneebesen gründlich verquirlen. Das Oliven-, Lein- und Walnussöl nach und nach mit dem Schneebesen unterschlagen, bis eine dickcremige Sauce entstanden ist. Die Kräuter unterheben.

3 Das Dressing über die Zutaten gießen, den Salat behutsam vermischen und auf zwei großen Tellern oder in Schalen anrichten. Sofort servieren.

Zubereitung: 25 Minuten

TIPP Statt der Vinaigrette passt auch ein Kräuter-Joghurt-Dressing prima zum Salat. Dafür 150 g Sojajoghurt natur mit 1 TL Senf und 2 EL Zitronensaft verrühren, mit Salz und Pfeffer würzen. 2 EL gehackte Kräuter (z.B. Petersilie, Schnittlauch, Basilikum) untermischen.

Paprika-Sauerkraut-Rohkost

Zutaten für 2 Portionen

1 EL Kürbiskerne
1 rote Spitzpaprika
(ca. 100 g)
2 Frühlingszwiebeln
200 g frisches Sauerkraut
100 ml ungesüßter Apfelsaft
1 TL flüssiger Akazienhonig
Salz, schwarzer Pfeffer
2 EL Walnussöl
100 g Joghurt natur
1 EL Paprikamark (Tube)

Pro Portion ca. 6 g EW,
15 g KH

1 Die Kürbiskerne grob hacken und in einer Pfanne ohne Fett rösten. Vom Herd nehmen und abkühlen lassen. Die Paprika halbieren, putzen, waschen und in feine Streifen schneiden. Die Frühlingszwiebeln waschen, putzen, weiße und hellgrüne Teile in feine Ringe schneiden. Sauerkraut gut abtropfen lassen und zerzupfen.

2 In einer Schüssel den Apfelsaft mit Honig, Salz, Pfeffer und Walnussöl verrühren. Paprika, Frühlingszwiebeln und Sauerkraut untermischen. Salat auf zwei Teller oder Schalen verteilen. Joghurt mit Paprikamark, Salz und Pfeffer cremig rühren, obendrauf geben. Mit den Kürbiskernen bestreut servieren.

Zubereitung: 25 Minuten

Spargel-Eiersalat mit Huhn

NC NOCARB

Zutaten für 2 Portionen

400 g grüner Spargel
Salz, schwarzer Pfeffer
4 EL Joghurt natur
2 EL saure Sahne
2 TL Zitronensaft
1 TL mittelscharfer Senf
1 EL Walnussöl
2 gegrillte Hähnchenschenkel (à ca. 500 g), 2 Eier, hart gekocht
200 g Kirschtomaten
½ Kästchen Kresse

Pro Portion ca. 40 g EW, 10 g KH

1 Den Spargel waschen, putzen, Endstücke abschneiden. Spargel im unteren Drittel schälen und schräg in 1–2 cm breite Stücke schneiden. In kochendem Salzwasser etwa 5 Minuten garen, dann abgießen, abschrecken und gut abtropfen lassen.

2 Inzwischen Joghurt mit saurer Sahne, Salz, Pfeffer, Zitronensaft, Senf und Walnussöl glatt verrühren. Die Haut von den Hähnchenschenkeln abziehen, Fleisch vom Knochen ablösen und klein schneiden. Tomaten waschen und vierteln. Eier pellen und in feine Würfel schneiden.

3 Eier mit Spargel, Tomaten und Hähnchen vorsichtig unter das Dressing heben. Salat mit Salz und Pfeffer abschmecken, in zwei Schalen anrichten. Kresse abbrausen, abschneiden und vor dem Servieren obendrauf streuen.

Zubereitung: 30 Minuten

Matjes mit Kräutergurken

Zutaten für 2 Portionen

1 Salatgurke (ca. 300 g)
1 kleine Zwiebel
1 säuerlicher Apfel (z.B. Elstar)
½ Bund Kräuter (z.B. Dill, Petersilie, Estragon)
100 g Joghurt natur
3 EL Sahne, 1 EL Essig
Salz, schwarzer Pfeffer
4 Matjesfilets (ca. 200 g)

Pro Portion ca. 19 g EW, 13 g KH

1 Die Gurke putzen, schälen, längs halbieren, entkernen und in etwa ½ cm breite Stücke schneiden. Zwiebel abziehen und fein würfeln. Den Apfel waschen, abtrocknen, vierteln, entkernen und quer in dünne Scheiben schneiden. Die Kräuter kurz abbrausen, trocken schütteln, Blätter abzupfen und bis auf ein paar Blätter zum Garnieren hacken.

2 Joghurt und Sahne mit dem Essig verrühren. Gurken, Zwiebel, Apfel und Kräuter untermischen, mit Salz und Pfeffer abschmecken. Je zwei Matjesfilets auf einem Teller anrichten und mit den Kräuter-Apfel-Gurken überziehen. Mit übrigen Kräuterblättchen garnieren.

Zubereitung: 20 Minuten

TIPP Haben Sie schon mal Schwedenmilch probiert? Schmeckt herrlich sahnig – und liefert noch mehr Milchsäurebakterien für einen gesunden Darm.

Wenn Gerichte Wolken kratzen

Zum Abheben leicht, fühlt man sich nach dem Genuss unserer urbanen Gerichte, die man im mittäglichen Schirmschatten auf Balkonien genießt – oder im Kerzenschein abends, wenn draußen der Wind um die Häuserecken tobt. Ganz leicht: das zitronige Ceviche oder der krosse Tofuschnitten oder das Avocado-Huhn oder die Räucherlachs-Röllchen. Vieles schmeckt direkt aus den Fingern!

Thunfisch-Cocktail

Zutaten für 2 Portionen

1 Dose Thunfisch im eigenen Saft (170 g Abtropfgewicht)
1 Stange Staudensellerie
100 g kleine weiße Champignons, 1 rote Paprikaschote
1 rote Peperoni
4 EL Joghurt natur
4 TL Crème légère (15% Fett)
2 EL Zitronensaft
1 EL Ajvar (Paprikapaste)
Salz, schwarzer Pfeffer
½ Bund Petersilie

Pro Portion ca. 27 g EW, 10 g KH

1 Den Thunfisch abgießen, in einem Sieb abtropfen lassen, mit einer Gabel grob zerpflücken und in eine Schüssel geben. Das Gemüse je nach Sorte waschen oder abreiben und putzen. Den Staudensellerie und die Pilze in feine Scheiben, die Paprika in kleine Würfel schneiden. Die Peperoni waschen, putzen, entkernen und sehr klein würfeln. Das Gemüse und die Peperoni mit dem Thunfisch locker mischen.

2 Für das Dressing den Joghurt mit Crème légère, Zitronensaft, Ajvar, Salz und Pfeffer verrühren. Petersilie abbrausen, trocken schütteln, abzupfen und bis auf ein paar Blätter fein hacken. Beides unter den Salat mischen, noch mal abschmecken. Mit den übrigen Petersilienblättern garniert in einem Glas servieren.

NC NOCARB

Zubereitung: 20 Minuten

Hähnchen auf Avocadosalat

Zutaten für 2 Portionen

2 Hähnchenbrustfilets (à ca. 180 g), ½ TL rosenscharfes Paprikapulver
Salz, schwarzer Pfeffer
2 EL Olivenöl
1 Bio-Salatgurke (ca. 400 g)
1 große Tomate (ca. 125 g)
1 reife Avocado
1 rote Zwiebel
4 Stiele Koriandergrün
1 EL Weißweinessig

Pro Portion ca. 45 g EW, 10 g KH

NC NOCARB

1 Das Hähnchenfilet abbrausen und trocknen. Paprikapulver, Salz, Pfeffer und 1 EL Olivenöl verrühren, das Fleisch damit bepinseln und kühl stellen.

2 Inzwischen die Gurke waschen, längs halbieren und entkernen. Die Tomate waschen und den Stielansatz entfernen. Die Avocado halbieren, den Stein herauslösen, das Fruchtfleisch aus der Schale heben. Gurke, Tomate und Avocado klein würfeln. Zwiebel abziehen und fein würfeln. Alle Gemüse mischen. Das Koriandergrün abbrausen, trocken schütteln, Blätter abzupfen, hacken und unterheben. Mit Essig, Salz, Pfeffer und übrigem Öl würzen.

3 Eine beschichtete Pfanne erhitzen, das Fleisch darin von jeder Seite 5-7 Minuten bei mittlerer Hitze braten. Herausnehmen, schräg in Scheiben schneiden und mit der Salsa anrichten.

Zubereitung: 30 Minuten

Ceviche à la Peru

NC NOCARB

Zutaten für 2 Portionen

300 g ganz frisches Fischfilet (in Sushi-Qualität; z.B Wolfsbarsch, Kabeljau, Zander)
2 Limetten, 2 Tomaten
1 Stange Staudensellerie
1 Frühlingszwiebel
1 rote Chilischote
2 TL Weißweinessig
2 TL Olivenöl
4 Stiele Koriandergrün
Salz, schwarzer Pfeffer

Pro Portion ca. 29 g EW, 10 g KH

1 Das Fischfilet kalt abbrausen, trocken tupfen und etwa 1 cm groß würfeln. Die Limetten auspressen, 5 EL Limettensaft über die Fischstücke gießen und mischen. Mit Folie abgedeckt mindestens 3 Stunden im Kühlschrank marinieren, dabei ab und zu umrühren.

2 Tomaten waschen und in kleine Würfel schneiden Staudensellerie und Frühlingszwiebel waschen, putzen, weiße und hellgrüne Teile fein würfeln. Die Chilischote waschen, putzen, entkernen und sehr fein würfeln. Gemüse und Chili mit Essig und Olivenöl vermischen. Die Mischung ebenfalls kalt stellen.

3 Vor dem Servieren das Koriandergrün abbrausen, trocken schütteln und die Blätter abzupfen. Den Fisch kurz abtropfen lassen, dann mit dem Gemüse und Koriandergrün vermengen. Mit Salz und Pfeffer abschmecken. Ceviche auf zwei Tellern anrichten.

Zubereitung: 20 Minuten, marinieren: 3 Stunden, *Bild auf Seite 134*

Krosse Tofuschnitten

NC NOCARB

Zutaten für 2 Portionen

1 kleine Knoblauchzehe
1 EL Tamari-Sojasauce
½ - 1 TL scharfes Currypulver
4 EL Olivenöl
Salz, schwarzer Pfeffer
2 Stück Tofu (à 200 g)
1 rote Zwiebel
1 kleiner Zucchino
2 kleine Möhren
½ Kästchen Kresse

Pro Portion ca. 36 g EW, 10 g KH

1 Die Knoblauchzehe abziehen und fein würfeln. Mit Curry, Sojasauce und Olivenöl verrühren, salzen und pfeffern. Tofu trocken tupfen, in eine flachen Schale legen, mit dem Würzöl beträufeln, Tofu darin wenden und im Kühlschrank etwa 1 Stunde marinieren.

2 Den Backofen auf 200 Grad vorheizen. Die Zwiebel abziehen und in dünne Scheiben schneiden. Den Zucchino waschen, putzen und in dünne Scheiben schneiden. Möhren putzen, schälen und in sehr dünne Scheiben schneiden oder auf der Rohkostreibe hobeln.

3 Den Tofu in eine Auflaufform legen, mit den Gemüsescheiben belegen und mit der Marinade begießen. Im Ofen (Mitte) etwa 20 Minuten backen. Tofu und Gemüse auf zwei Tellern anrichten. Die Kresse abbrausen, abschneiden und draufstreuen.

Zubereitung: 35 Minuten, marinieren: 1 Stunde

Mini-Bouletten auf Fenchel-Orangen-Rohkost

Für 2 Personen

300 g mageres Kalbfleisch (z.B. Filet oder Schnitzel)
1 Frühlingszwiebel
4 Stiele Petersilie
Salz, schwarzer Pfeffer
30 g Walnusskerne
100 g Feldsalat
1 Fenchelknolle (ca. 300 g)
1 Schalotte
1 Orange
2 EL Zitronensaft
1 TL scharfer Senf
1 EL Walnussöl
4 EL Olivenöl

Pro Portion ca. 34 g EW, 9 g KH

NC NOCARB

1 Das Fleisch waschen, trocken tupfen und im Blitzhacker nicht zu fein hacken. Frühlingszwiebel waschen, putzen und fein würfeln. Petersilie abbrausen, trocken schütteln, abzupfen und fein hacken. Alle drei Zutaten gut vermischen, kräftig salzen und pfeffern. Hackmasse abgedeckt 20 Minuten kalt stellen.

2 Inzwischen Nüsse grob hacken und in einer Pfanne ohne Fett rösten. Abkühlen lassen. Feldsalat waschen, trocken schleudern und verlesen. Fenchel putzen, waschen, Fenchelgrün abschneiden und hacken. Fenchelknolle vierteln, Strunk entfernen, Viertel in feine Scheibchen schneiden oder hobeln. Schalotte abziehen und fein würfeln. Orange samt der weißen Haut schälen, Filets zwischen den Trennwänden herausschneiden, Saft auffangen. Zitronensaft, 3 EL Orangensaft, Senf, Salz und Pfeffer mit dem Walnussöl und 2 EL Olivenöl verrühren. Fenchelstreifen und -grün, Orangenfilets und Schalotte in der Sauce wenden.

3 Aus der Fleischmasse mit nassen Händen 6-8 Bällchen formen. Das übrige Öl in einer beschichteten Pfanne erhitzen, Klößchen darin rundum bei mittlerer Hitze etwa 5 Minuten braten.

4 Den Fenchelsalat auf zwei Teller verteilen. Feldsalat in der übrigen Vinaigrette wenden, in die Mitte vom Gemüse geben. Mit den Walnüssen bestreuen. Die Kalbsklößchen dazu servieren.

Zubereitung: 45 Minuten, kühlen: 20 Minuten

TIPP Keine Zeit, Fleischbällchen zu drehen? Dann servieren Sie alternativ Wildschinken, Bresaola (italienischer Rinderschinken) oder Bündner Fleisch zum Fenchelsalat!

Räucherlachs-Röllchen

Zutaten für 2 Portionen

160 g Frischkäse (Halbfettstufe), 2 EL Sahne
2 TL Wasabi (Tube)
Salz, schwarzer Pfeffer
1-2 TL Limettensaft
125 g Räucherlachs (in dünnen Scheiben)
2 TL gerösteter Sesam
200 g Babyspinat
2 EL Aceto balsamico
2 EL Olivenöl

Pro Portion ca. 23 g EW, 10 g KH

1 Den Frischkäse mit der Sahne und dem Wasabi glatt rühren, mit Salz, Pfeffer und Limettensaft abschmecken. Eine Bambusmatte auf die mit Frischhaltefolie belegte Arbeitsfläche legen. Die Lachsscheiben leicht überlappend darauflegen. Mit der Frischkäsemasse bestreichen, mit dem Sesam bestreuen, fest aufrollen und in etwa 3 cm breite Stücke schneiden. Kalt stellen.

2 Den Spinat waschen, gut abtropfen lassen und verlesen, auf zwei Teller verteilen. Für das Dressing den Essig, 4 EL Wasser, Salz, Pfeffer und Olivenöl verrühren, über den Spinat träufeln. Die Sushi-Röllchen darauf anrichten.

Zubereitung: 25 Minuten

NC NOCARB

Handkäse-Gemüsesalat

Zutaten für 2 Portionen

20 g Kürbiskerne
Salz, Cayennepfeffer
400 g gemischtes Gemüse (z.B. Brokkoli, Frühlingszwiebeln, Kürbis), 100 g Radieschen, 2 EL Gemüsebrühe
2 EL Apfelessig, schwarzer Pfeffer, 2 EL Rapskernöl
1 TL Kürbiskernöl
100 g Sauermilchkäse (z.B. Handkäse oder Harzer Käse)

Pro Portion ca. 24 g EW, 15 g KH

1 Die Kürbiskerne in einer Pfanne ohne Fett anrösten, bis sie knistern. Mit Salz und Cayennepfeffer bestreuen und abkühlen lassen.

2 Das Gemüse je nach Sorte waschen oder schälen, putzen und in etwa gleich große Stücke schneiden. In kochendem Salzwasser 3-5 Minuten bissfest garen, dann abgießen, kalt abschrecken und abtropfen lassen. Die Radieschen waschen, putzen, vierteln und unter das gegarte Gemüse mischen.

3 Für das Dressing die Brühe mit Essig, Salz, Pfeffer und beiden Ölsorten verrühren. Den Käse in Scheiben schneiden und mit dem Gemüse auf zwei Tellern anrichten. Mit der Vinaigrette beträufeln und mit den Kürbiskernen bestreut servieren.

Zubereitung: 30 Minuten

Ostfriesenteller

NC NOCARB

Zutaten für 2 Portionen

1 Knoblauchzehe
1 TL Rosmarinnadeln
3 EL Olivenöl
150 g rohe geschälte Garnelen (küchenfertig; frisch oder tiefgekühlt und aufgetaut)
4 kleine Eierstrauchtomaten
1 Bio-Minigurke, 50 g Rucola
2 EL Zitronensaft
¼ TL Vollrohrzucker
Salz, schwarzer Pfeffer

Pro Portion ca. 16 g EW, 5 g KH

1 Die Knoblauchzehe abziehen und fein würfeln. Rosmarin hacken und mit Knoblauch und 1 EL Olivenöl vermischen. Die Garnelen in einem Sieb kalt abbrausen, abtropfen lassen und trocken tupfen. Mit der Marinade beträufeln und darin wenden.

2 Tomaten und die Gurke waschen und putzen und in sehr dünne Scheiben schneiden. Den Rucola waschen, trocken schütteln, verlesen und grobe Stiele abknipsen. Die Tomaten- und Gurkenscheiben dachziegelartig auf zwei flachen Tellern anordnen, mit dem Rucola bestreuen, salzen und pfeffern. Für das Dressing den Zitronensaft, 2 EL Wasser und Zucker verrühren, mit Salz und Pfeffer abschmecken. Das übrige Öl darunterschlagen.

3 Eine Pfanne erhitzen. Die Garnelen darin bei starker Hitze unter Wenden 2-3 Minuten braten. Auf dem Carpaccio verteilen, mit dem Zitronendressing beträufeln und sofort servieren.

Zubereitung: 25 Minuten

Liebe aus dem Kochtopf

HEAT UP!

Energie pur. Gut essen. In den siebten Gourmethimmel fliegen. Und dann noch mit Leichtigkeit in den Alltag schweben. Was wünscht man sich mehr? Gesundheit. Klar, auch die steckt in unseren raffinierten Rezepten – natürlich wieder aus den Töpfen »Mediterran«, »Asiatisch«,»Landlust« und »Urban«. Einmal am Tag sollte man was Warmes essen. Studien zeigen: Das dimmt den Heißhunger. Und es ist gut fürs Herz. Denn auch in diesem Kapitel gibt's nur die Carbs, die den Gaumen freuen und die Hüfte nicht berühren. Und nun sollte Ihnen das Wasser im Mund zusammenlaufen: Auberginen-Piccata, Rotbarsch al cartoccio, Thai-Tofu-Curry, Zitronengockel, Currywurst mit Pommes. Jupp! Sogar die! Lassen Sie sich auf Seite 177 überraschen.

»Widme dich der Liebe und dem Kochen mit ganzem Herzen.«

Dalai Lama

MEDITERRAN

LANDLUST

ASIATISCH

URBAN

SECHS REGELN AUS DER WARMEN KÜCHE

1 Endlich auch LOW CARB: Nach der ersten Stufe, der Woche mit Suppe und Salat, ist man froh, auch mal wieder eine richtige Carb-Mahlzeit auf den Teller zu bekommen. Sogar Ketarier dürfen einmal am Tag eine 30-Gramm-Kohlenhydrat-Mahlzeit essen. Und immer noch weinen die Fettzellen.

2 Nachts im INSULINTIEF: Wer schlank im Schlaf werden möchte, wählt abends ein No-Carb-Gericht. Lässt die Kohlenhydrate ganz weg. Bleibt unter 10 Gramm. Das geht auch warm, wie Sie im Folgenden sehen. Die Gerichte haben unsere No-Carb-Vignette.

3 WILD & WEIDE: Wer Fleisch isst, wählt Wild oder Weide. Nur freilaufende Tiere haben eine gute Fettsäurezusammensetzung. Liefern Omega-3s für gute Laune, junge funktionierende Körperzellen. Es schmeckt auch besser als der hormongedopte, antibiotikaverseuchte Tiermastindustriemüll.

4 CLEVERE KOMBI: Wer tierisches Eiweiß mit pflanzlichem kombiniert – Lamm mit Bohnen, Tatar mit Spitzkohl, Dorade mit Sprossen ... –, der erhöht die biologische Wertigkeit. Heißt, der Körper kann das Kombieiweiß viel besser für seine Vorhaben nutzen. Muskeln bauen, Hormone aktivieren, Haut verjüngen ... Auch hier gilt: Zu wenig Eiweiß im Rezept? Selbstständig mit einem Shake ergänzen.

5 Bitte viel trinken: Schon vor dem Essen ein GLAS VITAMINWASSER (Rezepte Seite 23). Unterstützt die Verdauungsorgane. Hilft Fett verbrennen.

6 Essen Sie Leben. Kombinieren Sie zum Genuss aus dem Kochtopf immer auch ETWAS FRISCHES. Einen Smoothie, einen Forever-Young-Salat vor dem Essen. Und weil ich weiß, wie viel Leben noch in unserem Essen steckt, kombiniere ich es auch mit NAHRUNGSERGÄNZUNGSMITTELN. Zu jeder Mahlzeit nehme ich etwas Gutes, was die Nahrung ergänzt. Weil ich so viele Kilo Brokkoli gar nicht runterkriege, um all die Vitalstoffe zu bekommen, die mein Körper braucht.

PRODUCT OF FRANCE
HARVESTED IN AIGUES-MORTES
FLEUR DE SEL

Das Salz im Leben: Mittelmeerküche

Raus aus dem Alltag, abtauchen in die tiefen Gourmet-Geheimnisse des Mittelmeers. Low Carb. Beispiel Italien. Lust auf Tris di pasta bolognese. Freilich. Funktioniert No Carb mit den trendigen dreifarbigen Nudeln aus Möhren, Zucchini und Kohlrabi. Das französische Ratatouille mit Ziegenkäse, die Saltimbocca mit Kapernsauce ... überzeugt alles auch ohne Kartoffel, ohne Baguette. Wer will, kann ja ein Stück Eiweißbrot ...

Auberginen-Piccata mit Ajvar-Dip

Zutaten für 2 Portionen

1 Aubergine (ca. 300 g)
Salz, schwarzer Pfeffer
2 Eier
4 EL Milch
4 EL geriebener Grana Padano
1 EL Thymianblättchen
4 EL Olivenöl
200 g Speisequark
(20% Fett i.Tr.)
2 EL scharfer Ajvar
(Paprikapaste)
4 TL Zitronensaft
3 Stiele Basilikum

Pro Portion ca. 31 g EW,
10 g KH

1 Die Aubergine waschen, putzen und längs in etwa ½ cm dicke Scheiben schneiden. Die Scheiben auf beiden Seiten salzen und etwa 10 Minuten ziehen lassen. Inzwischen Eier mit Milch und Käse verrühren. Thymian hacken, unter die Eiermilch rühren, mit Salz und Pfeffer würzen.

2 Das Öl in einer großen beschichteten Pfanne erhitzen. Die Auberginenscheiben trocken tupfen, portionsweise durch die Eiermilch ziehen, ins heiße Fett geben und bei mittlerer Hitze von jeder Seite etwa 2 Minuten goldbraun braten. Dann auf Küchenpapier kurz abtropfen lassen und im Backofen bei 100 Grad warm halten.

3 Inzwischen den Quark mit Ajvar und 2 EL Wasser cremig rühren, mit Zitronensaft, Salz und Pfeffer würzen. Als Dip zur Auberginen-Piccata servieren. Basilikumblätter abzupfen und daraufstreuen.

Zubereitung: 30 Minuten

Zucchini-Tomaten-Gratin

Zutaten für 2 Portionen

2 mittelgroße Zucchini
(à ca. 200 g)
2 EL Zitronensaft
Salz, schwarzer Pfeffer
1 TL Kräuter der Provence
3 EL Olivenöl
1 Knoblauchzehe
½ Bund Petersilie
10-12 Kirschtomaten
150 g Mini-Mozzarellakugeln
2 EL Pinienkerne

Pro Portion ca. 19 g EW,
12 g KH

1 Den Backofen auf 200 Grad vorheizen. Zucchini waschen, putzen und in 4–5 cm lange, kräftige Stifte schneiden. Zitronensaft mit Salz, Pfeffer, Kräutern der Provence und 2 EL Olivenöl in einer Schüssel verrühren. Petersilie abbrausen, trocken schütteln, Blätter abzupfen und fein hacken. Knoblauch abziehen und fein würfeln. Beides unter die Marinade rühren, die Zucchinistifte darin wenden und in eine Gratinform geben.

2 Die Tomaten waschen und halbieren, die Mozzarellakugeln abgießen, abtropfen lassen und halbieren. Tomaten, Mozzarella und Pinienkerne auf die Zucchini streuen. Mit dem übrigen Öl beträufeln. Im Ofen (unten) etwa 15 Minuten überbacken.

Zubereitung: 15 Minuten, backen: 15 Minuten

Saltimbocca mit Kapernsauce

NC NOCARB

Zutaten für 2 Portionen

4 dünne Kalbsschnitzel
(à ca. 80 g)
Salz, schwarzer Pfeffer
4 große Salbeiblätter
2 Scheiben Parmaschinken
300 g Brokkoli
3 getrocknete Tomaten
1 Zwiebel, 2 EL Olivenöl
50 ml Gemüsebrühe
½ TL abgeriebene
Bio-Zitronenschale
2 TL Kapern (aus dem Glas)
2 TL Butter

Pro Portion ca. 43 g EW,
8 g KH

1 Die Schnitzel waschen, trocken tupfen, salzen und pfeffern. Je 1 Salbeiblatt und ½ Scheibe Schinken darauflegen, zusammenklappen und mit einem Holzstäbchen feststecken.

2 Brokkoli waschen, putzen und in Röschen teilen, Stiele schälen und klein würfeln. In kochendem Salzwasser 2-3 Minuten blanchieren, abschrecken und abtropfen lassen. Tomaten in feine Streifen schneiden. Zwiebel abziehen, klein würfeln und in 1 EL heißem Öl glasig dünsten. Tomaten und Brokkoli dazugeben und 2-3 Minuten mitdünsten, salzen und pfeffern.

3 Inzwischen in einer großen Pfanne das übrige Öl erhitzen, die Schnitzel bei mittlerer Hitze von jeder Seite etwa 2 Minuten anbraten. Herausnehmen und warm halten. Bratensatz mit Brühe ablöschen, 2-3 Minuten einkochen lassen. Zitronenschale, Kapern und Butter einrühren, salzen und pfeffern. Saltimbocca mit Brokkoli und Sauce anrichten.

Zubereitung: 25 Minuten

Rotbarsch al cartoccio

NC NOCARB

Zutaten für 2 Portionen

2 Möhren
1 Fenchel
1 Stange Staudensellerie
150 g Kirschtomaten
50 g grüne Oliven (ohne Stein)
Salz, schwarzer Pfeffer
2 Rotbarschfilets
(à ca. 180 g)
2 TL Zitronensaft
2 Zweige Thymian
2 EL Olivenöl

Pro Portion ca. 32 g EW,
10 g KH

1 Den Backofen auf 200 Grad vorheizen. Möhren putzen, schälen und in sehr feine Scheiben schneiden. Fenchel putzen, vom Strunk befreien und in feine Streifen schneiden. Sellerie waschen, putzen und in dünne Scheiben schneiden. Tomaten waschen und halbieren. Oliven in Ringe schneiden. Gemüse mischen, salzen und pfeffern.

2 Zwei Bögen Backpapier (je ca. 30 x 20 cm) auf die Arbeitsfläche legen, zwei Drittel vom Gemüse darauf verteilen. Fischfilets abbrausen, trocken tupfen, salzen und pfeffern und auf das Gemüse legen. Mit jeweils 1 TL Zitronensaft beträufeln und mit 1 Thymianzweig belegen. Übriges Gemüse daraufgeben, mit Olivenöl beträufeln. Das Papier über der Füllung wie zu einem Bonbon verschließen, die Enden mit Küchengarn zubinden. Die Fischpäckchen auf einem Blech im Ofen (Mitte) etwa 20 Minuten garen.

Zubereitung: 25 Minuten, garen: 20 Minuten

Halloumi-Gemüsespieße mit Salsa verde

Zutaten für 2 Portionen

Salsa verde:
½ Bund Petersilie
1 EL gehackte Mandeln
abgeriebene Bio-Zitronenschale
2 EL Olivenöl
Salz, schwarzer Pfeffer
1-2 TL Rotweinessig

Spieße und Salat:
4 lange, kräftige Rosmarinzweige (ca. 25 cm)
1 Knoblauchzehe
3 EL Zitronensaft
3 EL Olivenöl
Meersalz, schwarzer Pfeffer
250 g Halloumi (oder Grillkäse)
1 gelbe Paprikaschote
250 g Kirschtomaten
1 rote Zwiebel
8 schwarze Oliven
1 mittelgroßer Zucchino
2 Bio-Zitronenspalten

Pro Portion ca. 32 g EW, 17 g KH

1 Für die Salsa die Petersilie waschen, trocken schütteln und fein hacken. Mit Mandeln, Zitronenschale, Öl und 3 EL Wasser im Blitzhacker fein zerkleinern. Mit Salz, Pfeffer und Essig abschmecken. Abgedeckt beiseitestellen.

2 Für die Spieße die Rosmarinzweige waschen, trocken tupfen und die unteren Nadeln vom Ansatz bis zu 2/3 des Stiels abstreifen. Den Knoblauch schälen und mit den abgezupften Rosmarinnadeln fein hacken. Beides mit 1 EL Zitronensaft und 2 EL Olivenöl verrühren, mit Salz und Pfeffer würzen.

3 Den Halloumi trocken tupfen und in etwa 2 cm große Stücke schneiden. Die Paprika putzen, vierteln, waschen und in mundgerechte Stücke schneiden. Die Kirschtomaten waschen, die Hälfte davon beiseitelegen. Die Zwiebel abziehen und in Spalten schneiden. Die Oliven abtropfen lassen. Gemüse, Halloumi, Zwiebelspalten und Oliven abwechselnd und vorsichtig auf die Rosmarinstiele schieben – es geht leichter, wenn man mit einem Schaschlikspieß Löcher vorbohrt. Die Gemüsespieße rundherum mit der Rosmarinmarinade bestreichen und abgedeckt mindestens 1 Stunde ziehen lassen.

4 Inzwischen für den Salat den Zucchino waschen, putzen und mithilfe eines Spiralschneiders in feine Streifen schneiden. Die übrigen Kirschtomaten vierteln. 2 EL Zitronensaft, Salz, Pfeffer und das restliche Öl verrühren und unter die Zucchinistreifen mischen.

5 Die Gemüse-Käse-Spieße auf dem heißen Grill unter vorsichtigem Wenden 5-8 Minuten grillen, dabei immer wieder mit dem Rosmarinöl bestreichen. Die Gemüsespieße mit der Zucchinirohkost und den Zitronenspalten auf Tellern anrichten und mit der Salsa verde beträufelt servieren.

Zubereitung: 30 Minuten, marinieren: 1 Stunde, grillen: 5-8 Minuten

Ziegenkäse auf Ratatouille

Zutaten für 2 Portionen

200 g Zucchini
1 kleine Aubergine, 1 gelbe Paprikaschote, 1 rote Zwiebel
2 Knoblauchzehen
3 EL Olivenöl
2 TL Kräuter der Provence
200 g stückige Tomaten (Dose), 100 ml Gemüsebrühe
Salz, schwarzer Pfeffer
120 g Ziegenfrischkäse
4-6 Basilikumblätter

Pro Portion ca. 15 g EW, 16 g KH

1 Zucchini, Aubergine und Paprika waschen, putzen und in 2 cm große Stücke schneiden. Zwiebel und Knoblauch abziehen und fein würfeln. 2 EL Öl in einem breiten Topf erhitzen. Die Aubergine darin unter Rühren bei mittlerer Hitze etwa 2 Minuten anbraten. Zucchini, Paprika, Zwiebel, Knoblauch und Kräuter der Provence mit dem übrigen Öl untermischen, 2-3 Minuten mitbraten. Tomaten zufügen, Brühe angießen, Gemüse salzen und pfeffern. Zugedeckt bei milder Hitze etwa 15 Minuten schmoren lassen, dabei ab und an umrühren.

2 Den Ziegenkäse grob zerbröckeln, auf das Gemüse legen, zugedeckt bei milder Hitze etwa 5 Minuten ziehen lassen. Mit den Basilikumblättern bestreut servieren.

Zubereitung: 40 Minuten

Gemüsenudeln mit bolognese

Zutaten für 2 Portionen

3 EL Olivenöl
200 g Tatar (Beefsteakhack)
1 Zwiebel, 1 Knoblauchzehe
2 TL Tomatenmark
200 g stückige Tomaten (Dose), 125 ml Gemüsebrühe
Salz, schwarzer Pfeffer
1 EL frisch gehackter Oregano, 300 g Zucchini
150 g Möhren
250 g grüner Spargel
3 Stiele Basilikum
40 g Parmesanspäne

Pro Portion ca. 35 g EW, 19 g KH

1 In einer Pfanne 1 EL Öl erhitzen, Tatar darin unter Wenden in 5 Minuten braun und krümelig braten. Inzwischen Zwiebel und Knoblauch abziehen, fein würfeln, dazugeben und kurz mitbraten. Tomatenmark, Tomaten und Brühe einrühren. Mit Salz, Pfeffer und Oregano würzen. Offen bei milder Hitze 12-15 Minuten köcheln lassen.

2 Zucchini und Möhren putzen, waschen oder schälen und mit einem Spiralschneider in feine Streifen schneiden. Spargel waschen, putzen, im unteren Drittel schälen, dann die Stangen erst längs in dünne Scheiben, dann in feine Streifen schneiden.

3 Das übrige Öl in einer großen beschichteten Pfanne erhitzen. Zucchini, Möhren und Spargel dazugeben und etwa 5 Minuten mitbraten. Salzen und pfeffern. Die Basilikumblätter abzupfen, fein schneiden und untermischen. Gemüsenudeln mit Sauce bolognese auf tiefe Teller verteilen. Mit dem Käse bestreut servieren.

Zubereitung: 35 Minuten

Lamm-Gyros mit Salat

Zutaten für 2 Portionen

300 g Lammlachse
1 Knoblauchzehe
1 EL Olivenöl, 2 TL Zitronensaft , ½ TL abgeriebene Bio-Zitronenschale
½ TL getrockneter Oregano
½ TL edelsüßes Paprikapulver
2 Frühlingszwiebeln
2 Tomaten, 4 Salatblätter
Salz, schwarzer Pfeffer
2 EL Sahnejoghurt

Pro Portion ca. 32 g EW, 4 g KH

1 Das Fleisch abbrausen, trocken tupfen und in feine Streifen schneiden. Knoblauchzehe abziehen und fein hacken, mit dem Fleisch, Olivenöl, Zitronensaft und -schale, Oregano und Paprikapulver vermengen und etwa 30 Minuten marinieren. Inzwischen Frühlingszwiebeln waschen, putzen und in dünne Ringe schneiden. Tomaten abbrausen, vierteln, entkernen und klein würfeln. Salat waschen, trocken schütteln, putzen und grob zerpflücken.

2 Eine beschichtete Pfanne stark erhitzen. Die Lammstreifen darin in etwa 5 Minuten unter Wenden braten, salzen und pfeffern. Vom Herd nehmen, Salat, Frühlingszwiebeln und Tomatenwürfel unterheben. Gyros auf Tellern anrichten, den Joghurt darübergeben und servieren.

NC NOCARB

Zubereitung: 25 Minuten, marinieren: 30 Minuten

LIEBE

Echt scharf: Asian Cuisine

Reis und Gemüse, glutamatig und süßsauer? Nööööö. Fingerfood, Wok-Zaubereien, Curry-Freuden ... Asien hat für jeden Überraschendes zu bieten. Vielfältige Aromen, exotisch kombiniert, lassen keine Langeweile aufkommen. Mit wenig oder ganz ohne Carbs. Probierenswert: die asiatische Gurken-Hähnchen-Pfanne. Schnell aus der Hand: Enten-Saté. Und für Curry-Fans: der Thai-Tofu auf Seite 160.

Gedämpfte Tofu-Päckchen

NC NOCARB

Zutaten für 2 Portionen

6 große Mangoldblätter, Salz
4 schlanke Frühlingszwiebeln
2 EL Olivenöl
3 EL Tamari-Sojasauce
2 TL geröstetes Sesamöl
Salz, schwarzer Pfeffer
250 g Tofu natur
150 g Seidentofu
2-3 TL Limettensaft
1 TL Sambal Oelek

Pro Portion ca. 26 g EW, 4 g KH

1 Den Mangold waschen, putzen, Stiele abschneiden und klein würfeln, Blätter in kochendem Salzwasser etwa 1 Minute blanchieren, abschrecken und gut abtropfen lassen. Frühlingszwiebeln waschen, putzen und in dünne Ringe schneiden.

2 Das Öl in einer Pfanne erhitzen, Frühlingszwiebeln und Mangoldstiele bei mittlerer Hitze etwa 2 Minuten dünsten, mit 2 EL Sojasauce, Sesamöl, Salz und Pfeffer würzen. Gemüse vom Herd nehmen, auf den Mangoldblättern verteilen. Tofu trocken tupfen, in sechs gleich große Stücke schneiden, auf das Gemüse setzen und mit der übrigen Sojasauce beträufeln. Mangoldblätter über dem Tofu zu Päckchen einschlagen, diese in einen Dämpfeinsatz legen, auf einen passenden Topf setzen und über einer Handbreit kochendem Salzwasser zugedeckt etwa 10 Minuten dämpfen. Für den Dip den Seidentofu mit Limettensaft, Salz und Sambal Oelek cremig verrühren, zu den Tofu-Päckchen servieren.

Zubereitung: 40 Minuten

Spitzkohl-Tatar-Wok

Zutaten für 2 Portionen

350 g Spitzkohl
3 Frühlingszwiebeln
1 Zwiebel, 1 Knoblauchzehe
1 Stück Ingwer (ca. 2 cm)
2 EL Raps- oder Erdnussöl
250 g Tatar (Beefsteakhack)
2 EL Tamari-Sojasauce
1 EL Chilisauce
Salz, schwarzer Pfeffer
5-6 EL Knochen- oder Hühnerbrühe
½ Bund Schnittlauch

Pro Portion ca. 32 g EW, 12 g KH

1 Den Spitzkohl waschen, putzen und ohne Strunk in feine Streifen schneiden. Frühlingszwiebeln waschen, putzen, längs halbieren und schräg in 4-5 cm breite Stücke schneiden. Zwiebel, Knoblauch und Ingwer schälen und fein würfeln.

2 Im Wok oder in einer großen Pfanne 1 EL Öl erhitzen, Tatar darin unter Rühren bei starker Hitze in etwa 5 Minuten braun und krümelig braten. Hackfleisch auf die Seite schieben. Übriges Öl erhitzen, Zwiebel, Knoblauch und Ingwer kurz anbraten. Dann Frühlingszwiebeln, Kohlstreifen dazugeben und alles unter ständigem Rühren etwa 3 Minuten braten. Mit Sojasauce, Chilisauce, wenig Salz und Pfeffer abschmecken. Brühe angießen und das Ganze zugedeckt noch etwa 3 Minuten ziehen lassen. Inzwischen den Schnittlauch abbrausen, trocken schütteln, in feine Röllchen schneiden und vor dem Servieren obendrauf streuen.

Zubereitung: 30 Minuten

Pangasius mit Cashewkruste

Zutaten für 2 Portionen

300 g Rettich, 200 g Radieschen, ½ Kopfsalat
2 EL Reis- oder Obstessig
Salz, schwarzer Pfeffer
2 EL Tamari-Sojasauce
1 EL Erdnusskernöl
2 Bio-Pangasiusfilets (à ca. 125 g)
50 g Cashewkerne
1 Eiweiß (von 1 Ei)
1 EL natives Kokosöl

Pro Portion ca. 34 g EW, 15 g KH

1 Rettich und Radieschen putzen und schälen oder waschen und grob raspeln. Salat waschen, trocken schütteln, putzen und in etwa 1 cm breite Streifen schneiden. Essig, Salz, Pfeffer, Sojasauce und Öl in einer Schüssel verrühren. Zutaten dazugeben, in dem Dressing wenden.

2 Die Fischfilets kurz waschen, trocken tupfen, beidseitig salzen und pfeffern. Cashewkerne fein mahlen. Die Fischfilets erst im Eiweiß, dann im Cashewmehl wenden.

3 Das Kokosöl in einer beschichteten Pfanne erhitzen. Fischfilets darin auf beiden Seiten in 5-6 Minuten bei milder Hitze goldbraun braten, zwischendurch vorsichtig wenden. Aus der Pfanne nehmen, auf Küchenpapier kurz abtropfen lassen und mit dem Rohkostsalat auf zwei Tellern anrichten. Sofort servieren.

Zubereitung: 30 Minuten

Dorade auf Asia-Sprossen

Zutaten für 2 Portionen

2 Doraden (à ca. 380 g, küchenfertig), 1 rote Chilischote, 2 Knoblauchzehen
Salz, schwarzer Pfeffer
2 Bio-Limettenscheiben
3 EL Erdnussöl
400 g Mungobohnensprossen, 1 rote Paprikaschote
1 Stück Ingwer (ca. 2 cm)
1-2 EL Tamari-Sojasauce
2 TL Fischsauce
4 Stiele Koriandergrün

Pro Portion ca. 38 g EW, 12 g KH

1 Die Doraden waschen, trocken tupfen und auf beiden Seiten je 2-mal schräg einschneiden. Chili längs aufschneiden, entkernen, waschen und fein hacken. Knoblauch schälen und fein würfeln. Doraden innen und außen mit Salz, Pfeffer, Chili und Knoblauch einreiben. Jeweils 1 Limettenscheibe in die Bauchhöhle stecken. Fisch auf ein Backblech legen und mit 2 EL Öl beträufeln. Unter dem vorgeheizten Backofengrill (Mitte) 12-14 Minuten grillen.

2 Inzwischen die Sprossen in einem Sieb kalt abbrausen und gut abtropfen lassen. Paprikaschote vierteln, putzen, waschen und in feine Streifen schneiden. Ingwer schälen und fein würfeln. Das übrige Öl in einem Wok stark erhitzen. Ingwer und Paprika darin unter Rühren 2-3 Minuten braten. Sprossen dazugeben und etwa 2 Minuten mitbraten. Mit Pfeffer, Sojasauce und Fischsauce würzen. Koriander abbrausen, Blätter zupfen und unterheben.

Zubereitung: 25 Minuten

Asiatische Gurken-Hähnchen-Pfanne

Zutaten für 2 Portionen

500 g Schmorgurken
100 g Staudensellerie
1 rote Paprikaschote
3 Schalotten
1 Bio-Limette
300 g Hähnchenbrustfilet
2 EL Macadamiakerne
2 EL Erdnussöl, Salz
2-3 TL Chilisauce
100 ml Gemüsebrühe
½ TL Vollrohrzucker

Pro Portion ca. 40 g EW, 20 g KH

1 Die Gurken putzen, schälen, längs halbieren, mit einem Teelöffel entkernen und quer in etwa 1 cm breite Scheiben schneiden. Den Staudensellerie waschen, putzen und schräg in dünne Scheiben schneiden. Die Paprikaschote putzen, vierteln, entkernen, waschen und in feine Streifen schneiden. Schalotten abziehen, halbieren und in feine Halbringe schneiden. Limette heiß waschen, abtrocknen, die Schale fein abreiben, den Limettensaft auspressen. Das Hähnchenfilet abbrausen, trocken tupfen und in dünne Scheiben schneiden.

2 Die Macadamiakerne grob hacken und in einer kleinen Pfanne ohne Fett goldbraun rösten. Vom Herd nehmen und abkühlen lassen. Inzwischen im Wok oder in einer großen Pfanne 1 EL Öl erhitzen, die Hähnchenstreifen darin in zwei Portionen bei mittlerer bis starker Hitze 2-3 Minuten unter Wenden anbraten. Fleisch herausnehmen, auf einen Teller geben, salzen und mit dem Limettenabrieb mischen.

3 Das übrige Öl im Wok oder in der Pfanne erhitzen. Die Schalotten darin bei milder Hitze etwa 2 Minuten unter Rühren hellgelb andünsten. Paprika und Sellerie dazugeben und bei mittlerer Hitze unter Rühren etwa 5 Minuten mitbraten. Dann die Gurken hinzufügen und 2-3 Minuten mitbraten. Mit Salz und Chilisauce würzen. Fleisch, Macadamiakerne und Brühe dazugeben und untermischen. Mit 2-3 EL Limettensaft, Salz und Zucker abschmecken.

Zubereitung: 40 Minuten

TIPP Vegetarier oder Veganer? Dann ersetzen Sie das Hähnchenfleisch ganz einfach durch Tofu!

Thai-Tofu-Curry

Zutaten für 2 Portionen

300 g TK-grüne Bohnen
4 Frühlingszwiebeln
1 rote Chilischote
200 ml ungesüßte Kokosmilch (Dose)
3-4 TL grüne Currypaste (Asienregal)
200 g Tofu natur
2 EL Sojasauce, Salz
2-3 Zweige Thai-Basilikum

Pro Portion ca. 20 g EW, 12 g KH

1 Die Bohnen antauen lassen, dann quer halbieren. Frühlingszwiebeln waschen, putzen, weiße und hellgrüne Teile in feine Ringe schneiden. Die Chilischote waschen, putzen, entkernen und winzig klein würfeln.

2 Die Kokosmilch mit der Currypaste in einem Topf verrühren und aufkochen. Die Bohnen dazugeben und zugedeckt bei mittlerer Hitze etwa 5 Minuten garen. Inzwischen den Tofu trocken tupfen und in etwa 1 cm große Würfel schneiden. Tofu, Frühlingszwiebeln und Chili zum Curry geben, weitere 5 Minuten bei milder Hitze köcheln lassen. Mit der Sojasauce und etwas Salz abschmecken. Das Basilikum abbrausen, Blätter abzupfen, in feine Streifen schneiden und vor dem Servieren auf das Curry streuen.

Zubereitung: 20 Minuten

Calamari-Kokos-Spinat

NC NOCARB

Zutaten für 2 Portionen

300 g frische Tintenfische (Calamari, küchenfertig)
300 g Babyspinat
1 Stange Zitronengras
1 Stück Ingwer (ca. 2 cm)
1 kleine rote Chilischote
1 EL Erdnussöl, 200 ml ungesüßte Kokosmilch (Dose)
1-2 EL Fischsauce
Salz, schwarzer Pfeffer

Pro Portion ca. 29 g EW, 6 g KH

1 Die Tintenfische unter fließendem Wasser waschen, trocken tupfen und in knapp 1 cm breite Ringe schneiden. Den Spinat waschen, gut abtropfen lassen und verlesen, dabei die harten Stiele entfernen. Vom Zitronengras die äußeren Hüllblätter entfernen, nur die unteren 10 cm verwenden und in feine Ringe schneiden. Ingwer schälen, Chilischote putzen und entkernen, beides in kleine Würfel schneiden.

2 Das Öl in einem Wok stark erhitzen. Tintenfische, Zitronengras, Ingwer und Chili dazugeben und etwa 2 Minuten unter Rühren braten. Kokosmilch und Fischsauce einrühren, Spinat unterheben und alles noch 2-3 Minuten bei milder Hitze dünsten. Mit Salz und Pfeffer abschmecken.

Zubereitung: 20 Minuten

Enten-Saté mit Erdnuss-Blumenkohl

Zutaten für 2 Portionen

1 Knoblauchzehe
½ - 1 TL Sambal Oelek
4 EL Tamari-Sojasauce
250 g Entenbrustfilet (ohne fette Hautschicht)
300 g Blumenkohlröschen
1 gelbe Paprikaschote
100 g Zuckerschoten
2 EL Erdnussöl
1 EL Erdnussmus
100 ml Gemüsebrühe
6 Saté- oder Schaschlikspieße

Pro Portion ca. 34 g EW, 15 g KH

1 Den Knoblauch schälen, fein würfeln, mit ½ TL Sambal Oelek und 2 EL Sojasauce verrühren. Entenfilet abbrausen, trocken tupfen und der Länge nach in 6-8 dünne Streifen schneiden, dann wellenartig auf die Spieße stecken. Mit der Marinade beträufeln und ziehen lassen. Inzwischen Blumenkohl putzen, waschen. Paprikaschote vierteln, entkernen, waschen und in feine Streifen schneiden. Zuckerschoten waschen und schräg halbieren.

2 In einer großen Pfanne 1 EL Öl erhitzen, Saté-Spieße darin bei starker Hitze rundherum 1-2 Minuten anbraten und bei mittlerer Hitze etwa 5 Minuten weiterbraten.

3 Inzwischen das übrige Öl im Wok erhitzen. Gemüse zufügen und unter Rühren bei starker Hitze 2-3 Minuten braten. Erdnussmus und Brühe einrühren, mit Sojasauce und Pfeffer würzen. Aufkochen und zugedeckt bei milder Hitze etwa 5 Minuten dünsten. Mit Salz und Sambal Oelek abschmecken. Gemüse zu den Saté-Spießen servieren.

Zubereitung: 30 Minuten

Unvergleichlich: Leichtes vom Land

Landküche ist deftig? Denkste. Auf den folgenden Seiten treten wir mit Leichtigkeit den Beweis an. Lust auf ein echtes Landei – gebettet auf Sellerie-Lauch-Püree? Abseits des üblichen Kartoffelstampfs wunderbar carbarm. Oder darf es vielleicht die frisch gefangene Kräuter-Forelle sein? Oder das Hirschsteak mit Gute-Laune-Garantie namens Omega-3? Meinem Gaumen unvergesslich ist und bleibt aber der Zitronengockel mit meinem Lieblingsgemüse Kohlrabi. Unvergleichlich. Wetten, dass ...?

Eier mit Sellerie-Lauch-Püree

Zutaten für 2 Portionen

350 g Knollensellerie
1 große Stange Lauch (ca. 400 g)
Salz, 2 EL Zitronensaft
4 Eier
2 EL Schmand
Salz, schwarzer Pfeffer
frisch geriebene Muskatnuss
4 TL Leinöl
½ Bund Schnittlauch

Pro Portion ca. 22 g EW, 13 g KH

1 Den Sellerie putzen, schälen und etwa 1 cm groß würfeln. Lauch putzen, längs aufschneiden, gut waschen und in dünne Ringe schneiden. In einem Topf Wasser mit Salz und Zitronensaft zum Kochen bringen, Sellerie und Lauch hineingeben, aufkochen und zugedeckt bei mittlerer Hitze etwa 10 Minuten garen.

2 Inzwischen die Eier anstechen und in 4-5 Minuten wachsweich kochen, dann abschrecken.

3 Gemüse abgießen, mit dem Schmand in ein hohes Rührgefäß geben und mit dem Schneidstab nicht zu fein pürieren. Püree mit Salz, Pfeffer und Muskat abschmecken, auf zwei vorgewärmten Tellern anrichten und mit je 2 TL Leinöl beträufeln. Eier pellen, längs halbieren und daneben anrichten. Schnittlauch abbrausen, fein schneiden und vor dem Servieren obendrauf streuen.

Zubereitung: 30 Minuten

Hirschsteaks mit Rosenkohl

Zutaten für 2 Portionen

400 g Rosenkohl, Salz
2 Hirschsteaks (aus der Keule; à ca. 170 g)
Salz, schwarzer Pfeffer
1 Knoblauchzehe
1 Zweig Rosmarin
2 EL Olivenöl
1 Schalotte
frisch geriebene Muskatnuss
100 ml Gemüsebrühe
2 EL gehackte Walnüsse

Pro Portion ca. 47 g EW, 10 g KH

1 Den Rosenkohl waschen, putzen. In kochendem Salzwasser etwa 5 Minuten garen, dann abschrecken und abtropfen lassen.

2 Den Backofen auf 130 Grad vorheizen. Die Hirschsteaks waschen, trocken tupfen, salzen und pfeffern. Knoblauch abziehen und in dünne Scheiben schneiden. Rosmarin abbrausen, trocken schütteln und grob zerpflücken. In einer ofenfesten Pfanne 1 EL Öl erhitzen, Steaks bei starker Hitze von jeder Seite etwa 1 Minute anbraten. Knoblauch und Rosmarin dazugeben, kurz mitbraten. Pfanne in den Ofen (Mitte) stellen, das Fleisch noch 15-20 Minuten braten. Inzwischen Schalotte pellen, fein würfeln und im übrigen heißen Öl glasig dünsten. Rosenkohl zufügen, 2-3 Minuten mitdünsten. Mit Salz, Pfeffer und Muskat würzen, Brühe angießen und alles zugedeckt etwa 5 Minuten dünsten. Die Steaks mit dem Rosenkohl anrichten und mit den Nüssen bestreut servieren.

NC NOCARB

Zubereitung: 35 Minuten

Kräuter-Forelle aus der Folie

Zutaten für 2 Portionen

2 Forellen (küchenfertig; à ca. 350 g), ½ Bund Dill
½ Bund Petersilie
Salz, schwarzer Pfeffer
2 Bio-Zitronenscheiben
2 kleine Zucchini (ca. 300 g)
Je 1 kleine rote und gelbe Paprikaschote, 2 TL Butter
150 ml Gemüsebrühe
2 Bratfolienschläuche

Pro Portion ca. 39 g EW, 12 g KH

1 Den Backofen auf 200 Grad vorheizen. Forellen waschen, trocken tupfen und die Haut auf der Oberseite mehrmals einschneiden. Dill und Petersilie abbrausen, abzupfen und grob zerzupfen. Forellen innen und außen mit Salz und Pfeffer würzen, mit den Kräutern und jeweils einer Zitronenscheibe füllen.

2 Die Zucchini waschen, putzen und in ½ cm dicke Scheiben schneiden. Die Paprika halbieren, putzen, waschen und in 1-2 cm große Stücke schneiden. Beides mischen, salzen und pfeffern, jeweils die Hälfte davon mit einer Forelle in einen Bratschlauch geben. Je 1 TL Butter auf den Fischen verteilen. Jeweils 75 ml Brühe dazugießen. Den Bratschlauch nach Packungsangabe verschließen, eine nach oben stehende Ecke abschneiden. Folienpakete nebeneinander auf ein kaltes Blech legen und im heißen Ofen (unten) etwa 25 Minuten dünsten. Vorm Servieren die Folie aufschneiden. Gemüse und Fisch auf zwei Tellern anrichten.

Zubereitung: 25 Minuten, garen im Ofen: 25 Minuten

Spargel mit Kerbel-Käsesauce

Zutaten für 2 Portionen

600 g grüner Spargel
Salz
Je 1 EL Sonnenblumen- und Kürbiskerne
100 ml Milch
100 g Frischkäse (Halbfettstufe)
2 TL weißer Aceto balsamico
Salz, schwarzer Pfeffer
30 g Kerbel

Pro Portion ca. 16 g EW, 14 g KH

1 Den Spargel waschen, im unteren Drittel schälen, Endstücke abschneiden. In kochendes Salzwasser geben und zugedeckt bei mittlerer Hitze in etwa 10 Minuten bissfest garen.

2 Inzwischen die Sonnenblumen- und Kürbiskerne in einer Pfanne bei mittlerer Hitze anrösten. Vom Herd nehmen, abkühlen lassen. Milch und Frischkäse in einem kleinen Topf verrühren, aufkochen und etwa 5 Minuten leise kochen lassen. Mit Essig, Salz und Pfeffer abschmecken. Kerbel waschen, trocken schütteln, verlesen und bis auf ein Blättchen hacken und unter die Käsecreme rühren. Den Spargel abtropfen lassen, auf zwei vorgewärmten Tellern mit der Frischkäsesauce anrichten. Mit den Kernen und dem übrigen Kerbel bestreut servieren.

Zubereitung: 20 Minuten

Zitronengockel mit Kohlrabi

Für 4 Portionen

2 Bio-Zitronen
1 Bio-Hähnchen (ca. 1,8 kg)
Salz, schwarzer Pfeffer
2 Knoblauchzehen
15 Stiele Thymian
5 EL Olivenöl
3 zarte Kohlrabi (ca. 750 g)
2 Möhren (ca. 120 g)
6 Schalotten
½ Bund Petersilie

Pro Portion ca. 55 g EW, 9 g KH

1 Den Backofen auf 200 Grad vorheizen. Die Zitronen heiß waschen und abtrocknen. Die Schale von einer Zitrone fein abreiben, dann die Zitrone in Spalten schneiden. Das Hähnchen waschen, abtrocknen und innen und außen mit Salz, Pfeffer und Zitronenschale einreiben.

2 Die Knoblauchzehen abziehen, die Thymianstiele abbrausen und trocken schütteln. Knoblauch, 5 Thymianstiele und Zitronenspalten in das Hähnchen stecken. Die Keulen mit Küchengarn zusammenbinden. Das Hähnchen mit weiteren 5 Thymianzweigen in einen Bräter geben und mit 3 EL Olivenöl beträufeln. Im heißen Ofen auf dem Rost (unten) etwa 45 Minuten braten.

3 Inzwischen den Kohlrabi putzen, das zarte Grün beiseitelegen. Die Knollen schälen und in 1-2 cm breite Spalten schneiden. Die Möhren putzen, schälen, längs und quer halbieren. Die Schalotten abziehen. Das Gemüse mit dem übrigen Olivenöl und den restlichen Thymianzweigen mischen, leicht salzen und pfeffern. Nach 45 Minuten Garzeit zum Hähnchen geben und alles weitere 30-35 Minuten garen.

4 Vor dem Servieren die Petersilie abbrausen, trocken schütteln, Blätter abzupfen und mit dem Kohlrabigrün hacken. Die zweite Zitrone in Schnitze teilen. Das Hähnchen aus dem Ofen nehmen, mit dem Gemüse anrichten und mit dem Petersilienmix bestreuen. Die Zitronenschnitze dazu reichen.

Zubereitung: 45 Minuten, garen: 75 Minuten

TIPP Je nach Jahreszeit können Sie den Gockel auf unterschiedlichen Gemüsen betten: Im Herbst schneiden Sie zum Beispiel Butternusskürbis in grobe Stücke und rote Zwiebeln in Spalten und garen sie mit. Im Winter passen Wurzelgemüse wie Pastinaken, Petersilienwurzeln oder Sellerie und Möhren prima.

Kaninchen-Pilz-Geschnetzeltes

Zutaten für 2 Portionen

300 g Kaninchenrückenfilet (oder Hühnchenbrustfilet)
200 g frische Pfifferlinge
100 g Zuckerschoten
2 Schalotten
1 Knoblauchzehe
3 EL Olivenöl
100 ml trockener Weißwein
125 ml Hühnerbrühe
100 ml Sojacreme
Salz, schwarzer Pfeffer
½ Bund Schnittlauch

Pro Portion ca. 38 g EW, 8 g KH

1 Das Fleisch waschen, trocken tupfen und in Scheiben schneiden. Pfifferlinge putzen, abreiben und grob zerteilen. Zuckerschoten waschen, putzen und schräg halbieren. Schalotten und Knoblauch abziehen und fein würfeln.

NC NOCARB

2 In einer Pfanne 2 EL Öl erhitzen, das Fleisch darin bei starker Hitze rundherum braun anbraten, salzen, pfeffern und herausnehmen. Dann Schalotten und Knoblauch mit 1 EL Öl in der Pfanne andünsten. Pilze dazugeben und unter Wenden hellbraun anbraten. Mit dem Wein ablöschen, fast vollständig einkochen lassen. Brühe und Sojacreme zugießen und offen bei mittlerer bis starker Hitze etwa 3 Minuten einkochen lassen. Fleisch und Zuckerschoten zufügen und etwa 1 Minute köcheln lassen. Mit Salz und Pfeffer abschmecken. Schnittlauch abbrausen, trocken schütteln, in Röllchen schneiden und in die Sauce geben.

Zubereitung: 25 Minuten

Zander mit Gemüsehaube

NC NOCARB

Zutaten für 2 Portionen

4 Stiele Thymian
120 g Staudensellerie
1 Knoblauchzehe
1 EL Tomatenmark
3 EL Olivenöl
30 g geriebener Bergkäse
Salz, schwarzer Pfeffer
400 g Zanderfilet (ohne Haut)
200 g kleine Champignons
100 g Kirschtomaten
4 EL Gemüsebrühe

Pro Portion ca. 48 g EW, 6 g KH

1 Den Backofen auf 200 Grad vorheizen. Thymian abbrausen, Blättchen abzupfen und hacken. Staudensellerie waschen, putzen und in feine Würfel schneiden, das Grün beiseitelegen. Knoblauch schälen und fein hacken. Thymian, Sellerie, Knoblauch, Tomatenmark, 2 EL Olivenöl und Käse mischen, alles salzen und pfeffern.

2 Fischfilets waschen, trocken tupfen und in vier gleich große Stücke teilen, beidseitig salzen und pfeffern. Selleriemischung darauf verteilen, festdrücken. Pilze putzen, abreiben und vierteln. Kirschtomaten waschen und halbieren. Pilze und Tomaten mischen, salzen und pfeffern, in eine Auflaufform geben und die Brühe angießen. Fischfilets obendrauf legen, mit dem übrigen Öl beträufeln. Im Ofen in etwa 20 Minuten goldbraun überbacken. Fisch und Gemüse mit gehacktem Selleriegrün bestreut servieren.

Zubereitung: 20 Minuten, backen: 20 Minuten

Lammkoteletts mit Bohnen

Zutaten für 2 Portionen

4 Lammkoteletts (à 90-100 g)
2 TL getrockneter Thymian
½ TL rosenscharfes Paprikapulver
3 EL Olivenöl
Salz, schwarzer Pfeffer
300 g grüne Bohnen
1 große Möhre
1 Knoblauchzehe
200 g Sahnejoghurt
2 TL frisch gehackter Rosmarin
125 ml Hühnerbrühe

Pro Portion ca. 56 g EW, 17 g KH

1 Die Koteletts waschen, trocken tupfen und den Fettrand einschneiden. Thymian, Paprikapulver, 2 EL Öl, Salz und Pfeffer verrühren und die Lammkoteletts damit auf beiden Seiten einstreichen. Zugedeckt etwa 15 Minuten bei Zimmertemperatur marinieren. Inzwischen die Bohnen putzen, waschen und quer halbieren. Die Möhre schälen und schräg in dünne Scheiben schneiden. Knoblauch abziehen und fein würfeln, mit dem Joghurt verrühren. Mit Salz und Pfeffer würzen.

2 Das übrige Öl erhitzen, Bohnen und Möhre darin etwa 3 Minuten andünsten. Rosmarin zufügen, Brühe angießen und zugedeckt 8-10 Minuten bei milder Hitze dünsten. Salzen und pfeffern.

3 Inzwischen eine Pfanne erhitzen. Die Koteletts darin bei mittlerer bis starker Hitze von jeder Seite etwa 2 Minuten anbraten. Mit dem Bohnengemüse und Dip anrichten.

Zubereitung: 25 Minuten , marinieren: 15 Minuten

Streetfood-inspiriert: Urbane Hochgenüsse

Der moderne Streetburger flirtet mit einem Rettich. Die Currywurst à la healthy kitchen geht mit den Kohlrabi-Pommes ein Tête-à-Tête ein. Der Rotbarsch taucht in den Bärlauch-Dip ab. Und die Mexiko-Pfanne mit Guacamole trennt sich vom Taco. Und auch Veggies finden etwas, das sie kulinarisch up to date ihren Low-Carb-Freunden servieren können: Röstblumenkohl mit Halloumi, gratinierte Kräuterseitlinge oder Sellerie-Tofu-Rösti.

Sellerie-Tofu-Rösti

Zutaten für 2 Portionen

300 g Knollensellerie
1 Möhre , 200 g Räuchertofu
1 Ei, 1 EL Pfeilwurzelstärke (aus Bioladen oder Reformhaus), Salz, schwarzer Pfeffer
4 EL Olivenöl
150 g Joghurt natur
½ - 1 TL Pul Biber (scharfe Paprikaflocken)

Pro Portion ca. 28 g EW, 17 g KH

1 Den Sellerie putzen, schälen und waschen. Möhre putzen und schälen. Tofu trocken tupfen. Sellerie, Möhre und Tofu grob raspeln, mit dem Ei und Pfeilwurzelstärke mischen, salzen und pfeffern.

2 2 EL Öl in einer großen beschichteten Pfanne erhitzen. Die Hälfte der Masse esslöffelweise in der Pfanne verteilen, leicht flach drücken und bei mittlerer Hitze 2-3 Minuten von jeder Seite knusprig braten. Herausnehmen, auf Küchenpapier abtropfen lassen und im Ofen bei 100 Grad warm halten. Aus der restlichen Masse mit dem übrigen Öl fünf weitere Rösti braten.

3 Inzwischen den Joghurt mit Pul Biber und etwas Salz verrühren, zu den Rösti servieren.

Zubereitung: 30 Minuten

Röstblumenkohl mit Halloumi

Zutaten für 2 Portionen

½ kleiner Blumenkohl (ca. 500 g), 150 g Halloumi (Käsespezialität aus Nordzypern), 30 g Ghee (ersatzweise Butterschmalz)
Salz, schwarzer Pfeffer
1 TL gemahlener Koriander
½ TL rosenscharfes Paprikapulver, 40 g Walnusskerne
4-5 Stiele Petersilie, Saft und abgeriebene Schale von ½ Bio-Zitrone, 1 TL flüssiger Akazienhonig, 1 EL Walnussöl
100 g Joghurt natur

Pro Portion ca. 27 g EW, 15 g KH

1 Den Backofen auf 220 Grad vorheizen. Blumenkohl waschen, in Röschen teilen, dabei den Strunk entfernen. Halloumi trocken tupfen und in 2 cm große Würfel schneiden. Ghee zerlassen, mit dem Blumenkohl und Halloumi in eine Schüssel geben. Mit Salz, Pfeffer, Koriander und Paprika würzen und alles gründlich vermengen. Die Mischung auf einem tiefen Backblech verteilen und im Ofen (Mitte) unter gelegentlichem Wenden etwa 25 Minuten goldbraun backen. Nüsse hacken und etwa 5 Minuten vor Ende der Backzeit darüberstreuen.

2 Inzwischen Petersilie abbrausen, trocken schütteln, abzupfen und fein hacken. Mit Zitronensaft und -schale, Honig und Walnussöl mischen, salzen und pfeffern. Blumenkohl und Joghurt auf zwei Tellern anrichten, mit der Zitronensauce beträufelt servieren.

Zubereitung: 25 Minuten, backen: 25 Minuten

Gratinierte Kräuterseitlinge

Zutaten für 2 Portionen

2 Frühlingszwiebeln
200 g Kräuterseitlinge
1 Dose Artischockenherzen (240 g Abtropfgewicht)
3 Stiele Thymian
2 EL Olivenöl
Salz, schwarzer Pfeffer
2 Eier, 2 EL Crème légère
6 EL Milch
2 EL gehackte Petersilie
20 g gehobelter Parmesan

Pro Portion ca. 18 g EW, 11 g KH

1 Den Backofen auf 200 Grad vorheizen. Frühlingszwiebeln waschen, putzen und in feine Ringe schneiden. Pilze putzen, halbieren oder vierteln und in ½ cm breite Scheiben schneiden. Artischockenherzen abtropfen lassen und vierteln. Thymian abbrausen, Blättchen von den Stielen zupfen.

2 Das Öl in einer beschichteten Pfanne erhitzen, Pilze bei starker Hitze 3-4 Minuten anbraten. Frühlingszwiebeln, Artischocken und Thymian dazugeben und bei mittlerer Hitze etwa 2 Minuten mitdünsten, salzen und pfeffern. Die Mischung in eine kleine Gratinform geben. Eier, Crème légère und Milch verrühren, salzen und pfeffern. Petersilie unterrühren. Eiermix über das Gemüse gießen, mit Parmesan bestreuen. Im Ofen (Mitte) 25-30 Minuten goldbraun backen.

Zubereitung: 20 Minuten, backen: 25-30 Minuten

Pesto-Hähnchen mit Mangold

NC NOCARB

Zutaten für 2 Portionen

2 Hähnchenbrustfilets (à ca. 150 g)
Salz, schwarzer Pfeffer
80 g Ricotta
3 TL Basilikum-Pesto
3 EL Mandelmehl
3 EL Olivenöl
400 g Bauernmangold (rot- und gelbstielig)
1 Schalotte
1 TL abgeriebene Bio-Orangenschale

Pro Portion ca. 47 g EW, 5 g KH

1 Das Fleisch waschen, trocken tupfen und in jedes Filet eine Tasche schneiden, dabei am dicksten Teil beginnen und bis zur Mitte ein-, aber nicht ganz durchschneiden. Fleisch beidseitig salzen und pfeffern. Ricotta und Pesto verrühren, in die Fleischtaschen füllen, mit je zwei Holzstäbchen zustecken und das Fleisch auf beiden Seiten in dem Mandelmehl wenden. In einer beschichteten Pfanne 2 EL Öl erhitzen, Filets darin bei mittlerer Hitze von jeder Seite 5-6 Minuten goldbraun braten.

2 Inzwischen den Mangold waschen, putzen, Stiele in kleine Stücke, Blätter in Streifen schneiden und hacken. Schalotte abziehen, fein würfeln und mit den Mangoldstielen im übrigen Öl in einem breiten Topf etwa 2 Minuten dünsten. Mangoldgrün dazugeben, unter gelegentlichem Wenden bei mittlerer Hitze etwa 5 Minuten offen dünsten, bis die Flüssigkeit verdampft ist. Mit Salz, Pfeffer und Orangenschale würzen. Gemüse mit dem gefüllten Hähnchen anrichten.

Zubereitung: 30 Minuten

Mexiko-Pfanne mit Guacamole

Für 2 Portionen

Für die Guacamole:
1 reife Avocado
2 EL Limettensaft
½ rote Peperoni
Salz
½ TL gemahlener Kreuzkümmel
½ Bund Koriandergrün

Für die Pfanne:
2 Frühlingszwiebeln
2 Tomaten
1 Mini-Romanasalat
2 EL Olivenöl
250 g Rinderhackfleisch
Salz, Cayennepfeffer
1 TL Tomatenmark
80 g Mexiko-Mais-Mischung (abgetropft; aus der Dose)

Pro Portion ca. 27 g EW, 11 g KH

1 Für die Guacamole die Avocado halbieren, den Kern entfernen, das Fleisch aus der Schale löffeln und mit dem Limettensaft mit einer Gabel zerdrücken. Die Peperoni entkernen, waschen und fein würfeln, mit etwas Salz und Kreuzkümmel mit der Avocado verrühren. Koriandergrün abbrausen, trocken schütteln, Blätter abzupfen und bis auf ein paar Blättchen hacken und unterheben. Die Avocadocreme mit den übrigen Korianderblättchen bestreuen und abgedeckt kalt stellen.

2 Die Frühlingszwiebeln waschen, putzen, die weißen und hellgrünen Teile in feine Ringe schneiden. Die Tomaten abbrausen, vom Blütenansatz befreien und klein würfeln. Den Salat waschen, putzen, halbieren und in etwa 1 cm breite Streifen schneiden.

3 Das Öl in einer großen Pfanne erhitzen, das Hackfleisch darin bei mittlerer Hitze unter Wenden hellbraun und krümelig anbraten. Mit Salz und Cayennepfeffer kräftig würzen. Frühlingszwiebeln und Tomatenmark dazugeben, kurz mitbraten. Mit 3 EL Wasser ablöschen, die Mexiko-Mais-Mischung und zwei Drittel der Tomaten untermischen und alles noch 2-3 Minuten bei milder Hitze ziehen lassen. Dann die Mexiko-Pfanne auf zwei Tellern anrichten, mit den Salatstreifen und übrigen Tomatenwürfeln bestreut servieren. Die Guacamole dazu reichen.

Zubereitung: 25 Minuten

TIPP Wer es lieber vegetarisch mag, nimmt statt Hackfleisch einfach Sojagranulat (auch »Veggie-Hack« oder »vegetarisches Hack« genannt) und bereitet es nach Packungsangabe zu. Gibt es im Reformhaus oder Bioladen und natürlich auch in vielen gut sortierten Supermärkten.

Fischspieße mit Bärlauch-Dip

Zutaten für 2 Portionen

300 g Fischfilet (z.B. Rotbarsch oder Kabeljau)
3 EL Zitronensaft
2 EL Olivenöl
Salz, schwarzer Pfeffer
3-4 Bärlauchblätter
200 g Joghurt natur
1 kleine gelbe Paprikaschote
8 Kirschtomaten, 8 kleine Champignons, 8 Salbeiblätter
4 Schaschlikspieße
2 Zitronenspalten

Pro Portion ca. 34 g EW, 11 g KH

1 Fischfilet waschen, trocken tupfen und in 2 cm große Stücke schneiden. In einer Marinade aus 2 EL Zitronensaft, Öl, Salz und Pfeffer etwa 20 Minuten ziehen lassen. Inzwischen Bärlauch waschen, trocken schütteln, grobe Stiele abschneiden, Blätter fein hacken. Joghurt mit dem übrigen Zitronensaft, Salz und Pfeffer verrühren, Bärlauch unterheben.

2 Die Paprika halbieren, putzen, waschen und in 8 gleich große Stücke schneiden. Tomaten kurz abbrausen. Pilze putzen und abreiben. Salbeiblätter abreiben. Paprika, Tomaten, Pilze, Fisch und Salbeiblätter abwechselnd auf die Spieße stecken.

3 Backofengrill auf höchster Stufe vorheizen. Die Spieße auf Alufolie auf den Rost legen und im Ofen (Mitte) von jeder Seite etwa 5 Minuten grillen, Mit Dip und Zitronenspalten servieren.

Zubereitung: 30 Minuten, marinieren: 20 Minuten

Currywurst mit Kohlrabi-Pommes

Zutaten für 2 Portionen

500 g Kohlrabi, 4 EL Olivenöl
Salz, schwarzer Pfeffer
60 g Mandelmehl
2 gebrühte Kalbsbratwürste (à ca. 120 g)
1 kleine rote Zwiebel
½ rote Pfefferschote
1 Stück Ingwer (ca. 1 cm)
1-2 TL scharfes Currypulver
1 Dose stückige Tomaten (200 g), 1-2 TL Apfelessig
1 TL flüssiger Akazienhonig

Pro Portion ca. 27 g EW, 18 g KH

1 Backofen auf 200 Grad vorheizen. Kohlrabi putzen, schälen, erst in 1 cm dicke Scheiben, dann in fingerdicke Stifte schneiden. 2 EL Öl, Salz und Pfeffer verrühren, den Kohlrabi darin wenden, dann in dem Mandelmehl wälzen. Die panierten Kohlrabistifte auf ein mit Backpapier ausgelegtes Blech legen und im Ofen (Mitte) 15-20 Minuten backen.

2 Die Bratwürste auf beiden Seiten mehrmals einschneiden und in einer Pfanne mit 1 EL Olivenöl bei mittlerer Hitze rundherum in 10-15 Minuten goldbraun braten.

3 Zwiebel abziehen, Pfefferschote putzen, Ingwer schälen, alles fein würfeln im übrigen Öl andünsten. Mit 1 TL Curry bestäuben, kurz andünsten. Tomaten dazugeben, salzen und offen 4-5 Minuten köcheln lassen. Mit Essig und Honig würzen. Würste in Scheiben schneiden, mit Sauce beträufeln und mit Curry bestäuben. Kohlrabi-Pommes dazu anrichten.

Zubereitung: 40 Minuten

Chiliburger mit Gurken-Salsa

Zutaten für 2 Portionen

250 g Putenschnitzel
1 kleine rote Spitzpaprika
½ kleine rote Zwiebel
1 TL Chiliflocken, ½ TL gemahlener Kreuzkümmel
Salz, schwarzer Pfeffer
1 ½ EL Olivenöl, 250 g Bio-Salatgurke, 150 g Rettich,
2 EL Minzeblätter
1 Frühlingszwiebel,
1 ½ EL Aceto balsamico

Pro Portion ca. 33 g EW, 11 g KH

1 Das Fleisch waschen, abtrocknen und in sehr kleine Würfel schneiden oder im Mixer fein hacken. Paprika halbieren, entkernen, waschen, Zwiebel abziehen und beides in sehr kleine Würfel schneiden. Paprika und Zwiebel zum Fleisch geben, mit Chiliflocken, Kreuzkümmel, Salz und Pfeffer würzen. Alles verkneten und mit den Händen zu zwei Burgern formen. Eine Grillpfanne auf mittlerer Stufe erhitzen, mit ½ EL Öl einstreichen. Die Burger darin etwa 10 Minuten braten, nach 5 Minuten wenden.

2 Inzwischen für die Salsa die Gurke waschen, putzen, streifig schälen, längs halbieren und entkernen. Rettich schälen und beides klein würfeln. Minzeblätter hacken. Frühlingszwiebel waschen, putzen und in feine Ringe schneiden. Alles mit Essig, übrigem Öl und Salz vermischen, Salsa zu den Burgern servieren.

Zubereitung: 30 Minuten

No sugar

BIG FUN

Sogar die Lust auf Süßes kann man (fast) ohne Kohlenhydrate stillen. Man taucht eine Erdbeere in superdunkle Bitterschokolade oder bereitet mit Mandelmilch und Chiasamen einen leckeren Chiapudding. Man bäckt aus Eiweiß und Kernen knusprige Crossies. Man zaubert sich ein Cheesecake aus dem Glas, eine Avocado-Mousse oder ein frisches Limettensorbet. Man packt Blaubeeren in Muffins, wendet Protein-Pancakes in der Pfanne – und man glaubt es kaum … es gibt sogar eine No-Carb-Schwarzwälder-Kirschtorte.

»Versuchungen sollte man nachgeben. Wer weiß, ob sie wiederkommen.«

Oscar Wilde

SUPERFOODIG

BEERIG

FRUCHTIG

CREMIG

SIEBEN SÜSSE REGELN

1 Der Mensch will süß. Er will nicht sauer essen. Darum darf man sich das Leben lustig machen mit SÜSSSTOFF oder Zuckerersatz wie Xylit oder Kokosblütenzucker. Freilich passt auch das indianische Honigblatt Stevia in den Chiapudding, das Rhabarberkompott – dem Geschmack zuliebe am besten in Verbindung mit Vollrohrzucker, Honig, Agavendicksaft.

2 In der ersten Woche sind ja nur 20 GRAMM KOHLENHYDRATE pro Tag erlaubt. Da sollte man sich die Lust auf Süßes noch verkneifen. Na ja, fast: Eine Schoko-Erdbeere darf man ruhig mal. Und auch der eisige Latte macchiato oder ein Macadamiacrossi oder eine Kokos-Zitronen-Makrone geht als No Carb durch.

3 Ab der 2. Woche zählt man die DESSERT-CARBS (unter den Rezepten) einfach mit, guckt, dass man nicht über 30 Gramm Kohlenhydrate pro Keto-Mahlzeit kommt. Ab der 5. Woche darf man sich hier carbtechnisch glücklich naschen. 150 Gramm pro Tag sind schließlich erlaubt.

4 VORSICHT SÜSSE NÜSSE: Ein paar Kandidaten unter den Nüssen liefern recht viel Kohlenhydrate, wie Cashewkerne, Hanfnüsse, Maronen, Pinienkerne. Gute Nüsse (da darf man sogar 100 Gramm): Kokosnuss, Macadamianuss, Paranuss, Pekanuss, Walnuss. Oder 50 Gramm Mandeln.

5 BITTE KAKAO: im Trend KAKAO-NIBS, kleine Stückchen der Kakaobohne. Auch rohes Kakaopulver passt gut in die No-Carb-Küche. Und: Bitterschokolade gibt's sogar mit 99 Prozent Kakaoanteil. Kakao versorgt uns mit wertvollen Flavonoiden (neutralisieren Radikale) und Polyphenolen (gesund fürs Herz).

6 CHIASAMEN: Am besten über Nacht gelieren lassen, weil dann die Vitalstoffe besser verfügbar sind für den Körper. Für ein Chiagel 4 EL Chiasamen in 125 ml Wasser, Milch, Kokoswasser oder Mandeldrink einweichen. Hält sich im Schraubglas im Kühlschrank eine Woche. Wer eine preiswertere Variante bevorzugt, nimmt einfach den guten alten Leinsamen mit dem gleichen Effekt.

7 BITTE KOKOSNUSS: Aus der süßen No-Carb-Küche nicht wegzudenken. In Form von Kokoschips, Kokosmus, Kokosöl und auch Kokosmehl. Das besteht zur Hälfte aus Ballaststoffen. Es enthält acht essenzielle Aminosäuren und liefert satt machende MCT-Fette (mittelkettige Fettsäuren).

Das Glück hat einen Namen: SÜSSES!

Rutscht die Laune in den Keller – dann holt uns Süßes wieder raus. Lockt die Nervenbotenstoffe der guten Laune, gehirnaktive Aminosäuren. Uralte biochemische Gesetze. Damit das süße Glück nicht auf der Hüfte landet, die Leber verfettet, die Adern zerstört ... sollte man es mit IQ genießen. Schlicht: ohne viel Zucker. In Form von Bitterschokolade, Quark, Kernen, Samen, Nüssen, Beeren ... Viel Eiweiß, jede Menge Superfood, ein wenig natürliche Süße kombiniert in einfach cleveren Rezepten. So macht Süßes wirklich glücklich. Auch langfristig.

Avocado-Schoko-Mousse

NC
NOCARB

Zutaten für 2 Portionen

1 reife Avocado
¼ TL gemahlene Vanille
2 EL schwach entöltes Kakaopulver
2 TL Stevia-Streusüße
5 EL ungesüßter Mandeldrink
1 EL gehobelte Mandeln
2 Physalis
4 Minzeblättchen

Pro Portion ca. 6 g EW, 7 g KH

1 Die Avocado halbieren, entkernen, das Fruchtfleisch aus der Schale heben und in Stücke schneiden. Avocado, Vanille, Kakaopulver, Stevia und Mandeldrink in eine hohe Rührschüssel geben und mit dem Schneidstab glatt pürieren. Die Creme auf zwei Dessertschalen verteilen und abgedeckt kalt stellen.

2 Inzwischen die Mandeln in einer Pfanne ohne Fett bei mittlerer Hitze goldbraun rösten. Vom Herd nehmen und abkühlen lassen. Die Mousse mit je einer Physalis und zwei Minzeblättchen garnieren und mit den Mandelblättchen bestreuen.

Zubereitung: 20 Minuten

TIPP Ein bisschen Exotik gefällig? Dann bereiten Sie die Mousse mit Kokos- statt mit Mandelmilch zu und streuen Sie geröstete Kokosrapsel anstelle der Mandelblättchen obendrauf.

Crunch-Quark mit Himbeeren

Zutaten für 2 Portionen

2 EL Cashewkerne
1 EL Pinienkerne
1 TL flüssiger Akazienhonig
250 g Magerquark
½ TL Stevia-Streusüße
1-2 TL Zitronensaft
etwas abgeriebene Bio-Zitronenschale
75 g Sahne
8 Himbeeren

Pro Portion ca. 19 g EW, 15 g KH

1 Die Cashewkerne hacken, zusammen mit den Pinienkernen in einer Pfanne ohne Fett goldbraun rösten, den Honig dazugeben und gut untermischen. Den Nussmix vom Herd nehmen und auf zwei Gläser (à ca. 150 ml) verteilen.

2 Den Quark mit Stevia, Zitronensaft und -schale glatt verrühren. Die Sahne steif schlagen und vorsichtig unterheben. Die Quarkmasse auf den gerösteten Nüssen verteilen. Die Himbeeren verlesen, wenn nötig kurz abbrausen, trocken tupfen und obendrauf streuen. Das Dessert 1 Stunde kalt stellen.

Zubereitung: 15 Minuten, kühlen: 1 Stunde

Kokos-Gewürz-Flammeri

NC NOCARB

Zutaten für 2 Portionen

200 ml ungesüßte Kokosmilch
1 EL Cashewmus
2 TL Stevia-Streusüße
¼ TL gemahlener Zimt
1 Msp. gemahlener Kardamom
¼ TL abgeriebene Bio-Limettenschale
½ TL Agar-Agar-Pulver
100 g Seidentofu
2 TL Pistazienkerne
4 Erdbeeren

Pro Portion ca. 7 g EW, 10 g KH

1 In einem kleinen Topf die Kokosmilch mit Cashewmus, Stevia, Zimt, Kardamom und Limettenschale unter Rühren einmal aufkochen lassen, dann vom Herd nehmen. Agar-Agar-Pulver mit 2 EL Wasser glatt rühren, in die Kokosmilch geben, unter Rühren aufkochen und bei milder Hitze etwa 2 Minuten köcheln lassen.

2 Die Kokosmilch vom Herd nehmen, den Seidentofu mit den Schneebesen des Handmixers gut unterrühren. Die Kokosmasse in zwei Förmchen (à 150 ml) gießen und 2-3 Stunden abgedeckt kalt stellen.

3 Vor dem Servieren die Flammeris aus den Förmchen auf Dessertteller stürzen. Die Pistazien hacken und aufstreuen. Die Erdbeeren abbrausen, entstielen und vierteln. Die Flammeris mit den Erdbeeren garniert servieren.

Zubereitung: 25 Minuten, gelieren: 2-3 Stunden

Eisiger Latte macchiato

Zutaten für 2 Portionen

200 ml kalter Espresso
150 ml Milch
4 EL Eiweißpulver (30 g)
2 TL Kakao-Nibs (aus dem Reformhaus oder Bioladen)
1-2 TL Stevia-Süße
¼ TL gemahlene Vanille
6 Eiswürfel
50 g Sahne
Kakaopulver zum Bestäuben

Pro Portion ca. 16 g EW, 7 g KH

1 Den Espresso mit Milch, Eiweißpulver, Kakao-Nibs, Stevia und Vanille in einer hohen Rührschüssel mit dem Schneidstab oder im Mixer so lange schaumig aufschlagen, bis die Kakao-Nibs vollständig zerkleinert sind.

2 Die Eiswürfel in einem Ice-Crusher zerkleinern oder in ein Tuch einschlagen und mit einem Hammer zerschlagen. Das Eis auf zwei hohe Gläser verteilen. Den Kaffeemix darüber gießen. Die Sahne steif schlagen und als Wölkchen obendrauf setzen. Den Eiskaffee mit etwas Kakaopulver bestäuben und mit einem dicken Trinkhalm servieren.

Zubereitung: 20 Minuten

NC NOCARB

Pancakes mit Heidelbeeren und Zimtcreme

Zutaten für 2 Portionen

4 Eier
30 g Mandelmehl
2 EL Eiweißpulver
½ TL Weinstein-Backpulver
1 EL Erdmandelflocken
½ TL abgeriebene Bio-Orangenschale
2 TL Butter
2 TL Rapsöl
60 g Heidelbeeren
150 g Skyr (isländischer Frischkäse)
2 TL Orangensaft
2 TL Stevia-Streusüße
Zimtpulver zum Bestäuben

Pro Portion ca. 30 g EW, 10 g KH

1 Die Eier mit Mandelmehl, Eiweißpulver, Backpulver, Erdmandelflocken und Orangenschale mit den Schneebesen des Handrührgeräts gründlich verrühren und etwa 15 Minuten quellen lassen.

2 In einer großen Pfanne je 1 TL Butter und Öl erhitzen, die Hälfte des Teigs esslöffelweise hineingeben und bei mittlerer Hitze etwa 2 Minuten backen. Sobald die Oberfläche gestockt ist, die Pancakes wenden und in 2-3 Minuten weiterbacken. Fertige Pfannküchlein auf einem Teller im Backofen bei 100 Grad warm halten. Aus dem übrigen Teig mit dem restlichen Fett auf die gleiche Art Pancakes backen.

3 Inzwischen die Heidelbeeren kurz abbrausen, trocken tupfen und verlesen. Den Skyr mit Orangensaft und Stevia cremig verrühren. Die Pancakes auf zwei Tellern mit den Heidelbeeren und der Frischkäsecreme anrichten. Mit Zimt fein bestäuben und sofort servieren.

Zubereitung: 25 Minuten, quellen: 15 Minuten

TIPP Die Pancakes schmecken auch mit einer herzhaften Begleitung prima, zum Beispiel mit Gurken-Tomaten-Salat und Kräuter-Joghurt-Dressing.

Home
Sweet
Home
COUNTRYFIELD®

Limetten-Buttermilch-Sorbet

Zutaten für 500 ml (8 Portionen):

1 Bio-Limette
2 EL Stevia-Streusüße
2 EL Kokosblütenzucker
400 ml Buttermilch
100 g Sahne
½ TL Agar-Agar-Pulver (aus Reformhaus oder Bioladen)
1-2 Stiele Zitronenmelisse

Pro Portion ca. 2 g EW, 7 g KH

1 Die Limette heiß waschen und abtrocknen, die Schale fein abreiben, 2 EL Limettensaft auspressen. Limettensaft und -schale mit Stevia, Zucker und Buttermilch gut verrühren. Die Sahne mit dem Agar-Agar-Pulver in einem kleinen Topf verrühren, aufkochen und 1-2 Minuten köcheln lassen. Den Sahnemix lauwarm abkühlen lassen, dann unter den Eisansatz rühren. Diesen in eine Eismaschine füllen und in 20-30 Minuten fest werden lassen. Oder in einer Metallschüssel für 3-4 Stunden ins Gefrierfach stellen, dabei mehrmals durchrühren.

2 Zum Servieren vom Sorbet mit einem Eislöffel Kugeln abstechen und in Dessertschalen anrichten. Zitronenmelisse abbrausen, die Blättchen abzupfen und das Sorbet damit garnieren. Sofort servieren.

NC NOCARB

Zubereitung: 20 Minuten, gefrieren: 20-30 Minuten (Eismaschine) oder 3-4 Stunden (Gefrierfach)

Kernige Macadamiacrossies

NC NOCARB

Zutaten für 25 Stück

100 g ungesalzene Macadamiakerne
Je 60 g Sonnenblumen- und Kürbiskerne
40 g Sesam
1 Eiweiß
1 TL flüssiger Akazienhonig
1 TL fein abgeriebene Schale von 1 Bio-Orange

Pro Stück ca. 3 g EW, 2 g KH

1 Den Backofen auf 130 Grad vorheizen. Die Macadamiakerne grob hacken, mit Sonnenblumen- und Kürbiskernen sowie Sesam mischen. Das Eiweiß mit Honig und Orangenschale in eine große Schüssel geben und alles mit den Schneebesen des Handmixers etwa 1 Minute schaumig aufschlagen. Die Kerne dazugeben und mit dem Kochlöffel gründlich untermischen.

2 Ein Backblech mit Backpapier belegen. Den Kernemix mit einem Teelöffel als kleine Häufchen darauf verteilen. Im heißen Ofen (Mitte) 30-35 Minuten goldbraun backen. Auf dem Blech vollständig abkühlen lassen. In einer Dose zwischen Lagen Pergamentpapier lagern. Die Crossies halten sich 4-6 Wochen.

Zubereitung: 20 Minuten, backen: 30-35 Minuten

Cheesecake im Glas

Zutaten für 4 Portionen

75 g weiche Butter
5 EL Stevia-Streusüße (10 g)
½ TL gemahlene Vanille
750 g Magerquark
1 EL Pfeilwurzelstärke (aus Reformhaus oder Bioladen), 2 Eier
2-3 EL kohlensäurehaltiges Mineralwasser
150 g Erdbeeren
Öl zum Einpinseln

Pro Portion ca. 26 g EW, 14 g KH

1 Backofen auf 180 Grad vorheizen. Gläser mit Öl einpinseln. Butter mit Stevia und Vanille verrühren. 500 g Quark und Pfeilwurzelstärke dazugeben und mit den Schneebesen des Handmixers verquirlen. Die Eier nacheinander unterrühren.

2 Die Käsecreme in die Gläser füllen. Die Gläser auf den Rost in den Ofen (Mitte) stellen und und in 35-40 Minuten goldbraun backen, dann aus dem Ofen nehmen und abkühlen lassen.

3 Vor dem Servieren den übrigen Quark mit dem Mineralwasser cremig rühren, auf dem Käsekuchen verteilen. Die Erdbeeren waschen, grüne Blätter entfernen, die Früchte vierteln und obendrauf geben.

Zubereitung: 25 Minuten, backen: 35-40 Minuten

Bild Seite 182

Chia-Mandel-Pudding mit Rhabarber

Zutaten für 2 Portionen

250 ml ungesüßter Mandeldrink
1 EL Mandelmus
¼ TL gemahlene Vanille
2 EL Stevia-Streusüße
50 g Chiasamen
150 g Rhabarber
2-3 EL trockener Weißwein

Pro Portion ca. 8 g EW, 4 g KH

NC NOCARB

1 Den Mandeldrink mit Mandelmus, Vanille und ½ EL Stevia in einer Schüssel mit den Schneebesen des Handrührgeräts gründlich verrühren. Die Chiasamen einrieseln lassen und kurz untermixen. Die Mischung abgedeckt etwa 10 Minuten stehen lassen, bis sie leicht andickt, dann noch einmal durchrühren. Die Masse in zwei Dessertschalen gießen und abgedeckt 6-8 Stunden, am besten über Nacht, in den Kühlschrank stellen.

2 Rhabarber waschen, putzen, in etwa 2 cm große Stücke schneiden und mit dem Wein und übriger Stevia-Süße in einen Topf geben. Aufkochen, dann zugedeckt bei milder Hitze etwa 5 Minuten kochen und abkühlen lassen. Rhabarberkompott auf dem Chiapudding verteilen und servieren.

Zubereitung: 30 Minuten, einweichen und kühlen: 6-8 Stunden

»UNSER KÖRPER IST EIN GARTEN UND UNSER WILLE DER GÄRTNER.«

William Shakespeare

Beeren-Vanille-Muffins

NC NOCARB

Zutaten für 12 Stück

4 Eier
1 Prise Salz
75 g weiche Butter
200 g Mandelmehl
1 ½ TL Weinstein-Backpulver
½ TL gemahlene Vanille
2 EL Stevia-Streusüße
2 EL Vollrohrzucker
125 g gemischte Beeren (z.B. Himbeeren, Heidelbeeren, Johannisbeeren)
Fett für die Form oder 12 Papierbackförmchen

Pro Portion ca. 6 g EW, 5 g KH

1 Den Backofen auf 190 Grad vorheizen. Die Mulden einer Muffinform einfetten oder mit Papiermanschetten auslegen.

2 Die Eier trennen. Das Eiweiß mit dem Salz steif schlagen, beiseitestellen. In einer Schüssel die Eigelbe mit der Butter cremig verrühren. Mandelmehl mit Backpulver, Vanillezucker, Zucker und Stevia mischen. Die Beeren kurz abbrausen, verlesen und vorsichtig trocken tupfen. Erst die Mandelmehlmischung nach und nach unter die Eigelbmasse rühren, dann abwechselnd den Eischnee und die Beeren vorsichtig unterheben.

3 Den Teig in den Mulden des Muffinblechs verteilen. Im heißen Ofen in 15-20 Minuten goldbraun backen. Die Muffins auf einem Kuchengitter etwas abkühlen lassen, dann aus der Form lösen.

Zubereitung: 20 Minuten, backen: 15-20 Minuten

TIPP Funktioniert auch mit tiefgekühlten Beeren. Damit der Teig nicht zu feucht wird, die Beeren nach 10-15 Minuten Auftauzeit vorsichtig in Mandelmehl wenden, dann erst unter den Teig heben.

Kokos-Zitronen-Makronen

Zutaten für 14 Stück

1 Bio-Zitrone
80 g Kokosraspel
2 EL Kokosmehl
2 Eiweiß (von 2 Eiern)
1 Prise Salz
2 EL Stevia-Streusüße

Pro Stück ca. 1 g EW, 1 g KH

1 Den Backofen auf 160 Grad vorheizen. Ein Backblech mit Backpapier belegen. Die Zitrone heiß waschen, abtrocknen und die Schale fein abreiben. Zitronenschale mit den Kokosraspeln und dem Kokosmehl mischen. Das Eiweiß mit ½ TL Zitronensaft und dem Salz zu steifem Schnee schlagen, dabei die Stevia-Süße einrieseln lassen. Die Kokos-Mehlmischung vorsichtig unterheben.

2 Von dem Teig mit zwei Teelöffeln 12 Häufchen abstechen und auf das Blech setzen. Im heißen Ofen (Mitte) in etwa 10 Minuten hellbraun backen. Vom Blech nehmen und auf einem Kuchengitter abkühlen lassen.

NC NOCARB

Zubereitung: 20 Minuten, backen: 10 Minuten

Cashew-Schoko-Cookies

Zutaten für 15 Stück

100 g gemahlene Haselnüsse
100 g Cashewmus
(aus Reformhaus oder Bioladen)
1 Ei
1 Prise Salz
¼ TL gemahlener Zimt
1 EL Stevia-Streusüße
1 EL Vollrohrzucker
40 g rohe Kakao-Nibs (aus Reformhaus oder Bioladen)

Pro Stück ca. 3 g EW, 5 g KH

1 In einer Schüssel die Haselnüsse mit dem Cashewmus mit den Schneebesen des Handmixers cremig verrühren. Das Ei, Salz, Zimt, Stevia und Zucker dazugeben und kurz unterrühren. Die Kakao-Nibs zum Schluss unterheben. Den Teig etwa 30 Minuten in den Kühlschrank stellen.

2 Den Backofen auf 160 Grad vorheizen. Ein Backblech mit Backpapier auslegen. Den Teig mithilfe von zwei angefeuchteten Teelöffeln als kleine Häufchen mit Abstand auf das Blech setzen. Im heißen Ofen (Mitte) in 20-25 Minuten goldgelb backen. Auf einem Kuchengitter auskühlen lassen.

Zubereitung: 15 Minuten, kühlen: 30 Minuten, backen: 20-25 Minuten

NC NOCARB

Schokoladen-Kokos-Erdbeeren

Zutaten für 4 Portionen

250 g Erdbeeren
100 g vegane Bitterschokolade (mindestens 70% Kakaoanteil)
1 EL Kokosraspel

Pro Portion ca. 3 g EW, 13 g KH

1 Die Erdbeeren abbrausen und trocken tupfen. Schokolade hacken und über einem heißen, nicht kochenden Wasserbad schmelzen. Wieder leicht abkühlen lassen und die Erdbeeren zur Hälfte in die Schokolade tauchen.

2 Anschließend nebeneinander auf Backpapier legen und mit den Kokosraspeln bestreuen. Die Schokolade erstarren lassen.

Zubereitung: 15 Minuten, kühlen: 1-2 Stunden

TIPP Statt mit Kokosraspeln können Sie die Erdbeeren auch mit gehackten Pistazien verzieren.

Erdnuss-Schoko-Schnitten

Zutaten für 20 Stück

50 g Mandeln
100 g Erdnussmus (aus Reformhaus oder Bioladen)
½ TL gemahlene Vanille
80 g Bitterschokolade (mindestens 70% Kakaoanteil)
20 g Kokosöl

Pro Stück ca. 2 g EW, 2 g KH

NC NOCARB

1 Die Mandeln hacken und in einer Pfanne ohne Fett anrösten. Vom Herd nehmen und abkühlen lassen.

2 In einer Schüssel das Erdnussmus mit der Vanille und den Mandeln mit einer Gabel gründlich vermischen. Die Masse zwischen zwei Lagen Frischhaltefolie oder Backpapier auf ein Küchenbrett geben und mit einer Teigrolle zu einem Rechteck (ca. 5 x 10 cm) etwa 1 cm dick ausrollen. Im Kühlschrank etwa 1 Stunde kalt stellen.

3 Die Schokolade hacken, mit dem Kokosöl über einem heißen, aber nicht kochenden Wasserbad schmelzen. Die Schokomasse auf der Erdnussplatte verteilen, glatt streichen und das Ganze etwa 4 Stunden kalt stellen. Vor dem Servieren ein langes, scharfes Messer in heißes Wasser tauchen und die Erdnussplatte damit vorsichtig in 20 gleich große Würfel schneiden. Das Konfekt im Kühlschrank aufbewahren. Es hält sich 3 bis 4 Tage.

Zubereitung: 20 Minuten, kühlen: 4 Stunden

Schwarzwälder Kirschtorte

Zutaten für 1 Springform von 18-22 cm Ø (12 Stück)

110 g Bitterschokolade (mindestens 70% Kakaoanteil)
50 g Kokosöl
4 Eier
1 Prise Salz
2 EL Stevia-Streusüße
1 TL abgeriebene Schale von 1 Bio-Orange
150 g Mandelmehl
1 EL schwach entöltes Kakaopulver
2 gehäufte TL (6 g) Pfeilwurzelstärke (aus Reformhaus oder Bioladen)
1 TL Weinstein-Backpulver
300 g TK-Sauerkirschen (entkernt)
500 g Magerquark
½ TL gemahlene Vanille
2 EL Kokosblütenzucker
250 g Sahne
2 EL Kirschwasser

Pro Stück ca. 12 g EW, 13 g KH

1 Den Backofen auf 160 Grad vorheizen. Die Springform mit Backpapier auslegen. 100 g Schokolade in Stücke brechen und mit dem Kokosöl über dem heißen Wasserbad schmelzen.

2 Inzwischen die Eier trennen. Das Eiweiß mit dem Salz steif schlagen, dabei 1 EL Stevia einrieseln lassen. Die Eigelbe, übriges Stevia und Orangenschale unter die Schokoladenmasse rühren. Mandelmehl mit Kakao, Pfeilwurzelstärke und Backpulver mischen, nach und nach unter die Schokoladenmasse rühren. Den Eischnee locker unterheben. Den Teig in die Form füllen und im heißen Ofen (Mitte) 30-35 Minuten backen.

3 Währenddessen die Sauerkirschen auftauen lassen, 12 Kirschen beiseitelegen. Den Quark mit Vanille und Kokoszucker glatt rühren. Die Sahne steif schlagen und unterheben.

4 Den Kuchen aus dem Ofen nehmen, leicht abkühlen lassen, dann aus der Form lösen. Das Backpapier abziehen, Boden vollständig erkalten lassen, dann quer halbieren, sodass zwei Böden entstehen. Einen Kuchenboden mit 1 EL Kirschwasser beträufeln, mit einem Tortenring umlegen. Zwei Drittel der Quarksahne darauf verteilen und mit den Kirschen belegen. Den zweiten Kuchenboden daraufsetzen, mit dem übrigen Kirschwasser beträufeln und die übrige Quarksahne wolkig darauf verteilen. Die zurückgelegten Kirschen am Rand auf der Torte platzieren. Die restliche Schokolade grob raspeln und obendrauf streuen. Torte vor dem Anschneiden 2 Stunden kühlen.

Zubereitung: 40 Minuten, backen: 30-35 Minuten, kühlen: 2 Stunden

TIPP Den Schokoladenboden können Sie auch in einer quadratischen Kuchenform (ca. 20 x 20 cm) backen und als Brownies, in Quadrate geschnitten, servieren.

Was ist erlaubt

LISTEN

Listen sind die Autopiloten im Carb-Leben. Für den Anfang wertvoll. Rauspicken, wovon man unbegrenzt essen darf, was einen in großer Portion auf dem Teller freut – und wovon man nur Luxusportiönchen genießt. Gucken. Lernen. Fühlen. Abspeichern.

UNBEGRENZT ERLAUBT

Diese Lebensmittel sind praktisch kohlenhydratfrei und müssen nicht berechnet werden:

- Avocado. Die hat zwar 9 Gramm KH pro 100 Gramm, davon aber nur 0,7 Gramm Zucker und so viele Ballaststoffe (Gegengift), dass sie als No-Carb-Frucht gilt.
- Eier
- alle Sorten Fleisch, Wild, Geflügel
- alle Sorten Fisch und Meeresfrüchte
- viele Sorten Käse, zum Beispiel Bergkäse, Camembert Doppelrahmstufe, Edamer, Emmentaler, Gouda, Handkäse, Mozzarella, Parmesan, Roquefort, Schafskäse, Ziegenkäse

FETTE

- etwa Butter, Butterschmalz, natives Kokosöl/-fett, Speck, Schweine- und Gänseschmalz

WERTVOLLE NATIVE PFLANZENÖLE (OMEGA-3-FETTSÄUREN!)

- etwa Olivenöl, Arganöl, Leinöl, Hanföl, Nussöle, Rapsöl

ZUCKERERSATZSTOFFE

- Stevia, Erythrit, Aspartam

WICHTIG: WO'S GEHT, AUF BIOQUALITÄT ACHTEN!

MAXIMAL 250 GRAMM PRO PORTION AUS DIESER LISTE

Diese Lebensmittel enthalten bis zu 2 g Kohlenhydrate pro 100 g:

GEMÜSE

- Chinakohl (1,2)
- Gurken (1,8)
- Mangold (0,7)
- Oliven (1,8)
- Portulak (0,6)
- Rhabarber (1,4)
- Sauerkraut (0,8)
- Schwarzwurzel (1,6)
- Spinat (0,6)

SALATE, KRÄUTER UND PILZE

- Breitwegerich (1,8)
- Brunnenkresse (0,4)
- Eisbergsalat (1,9)
- Endiviensalat (1,2)
- Feldsalat (0,7)
- Kopfsalat (1,1)
- Radicchio (1,5)
- Schnittlauch (1,6)
- Sauerampfer (2,0)
- alle Sorten (< 1,0) außer Shiitake und Trüffel

SAMEN UND SPROSSEN

- Bambussprossen (1,0)
- Leinsamen (0,0)

MILCH- UND MILCHERSATZ-PRODUKTE

- Tofu (1,9)

MAXIMAL 150 GRAMM PRO PORTION AUS DIESER LISTE

Diese Lebensmittel enthalten 2 bis 3 g Kohlenhydrate pro 100 g:

GEMÜSE UND SALAT

- Artischocke (2,6)
- Aubergine (2,5)
- Blumenkohl (2,3)
- Brokkoli (2,5)
- Fenchel (2,8)
- Grünkohl (2,5)
- Knollensellerie (2,3)
- Löwenzahnblätter (2,4)
- Paprika (2,9)
- Radieschen (2,1)
- Rettich (2,4)
- Rucola (2,1)
- Spargel (2,0)
- Staudensellerie (2,2)
- Tomate (2,6)
- Wirsing (2,4)
- Zucchini (2,2)

SAMEN UND SPROSSEN

- Alfalfa-Sprossen (2,1)
- Bohnensprossen (2,3)

MILCH- UND MILCH-ERSATZPRODUKTE

- Crème fraîche (40 %) (2,5)
- Frischkäse (2,6)
- Sojadrink (ungesüßt) (2,5)
- Speisequark (alle Fettstufen) (2,6)

MAXIMAL 100 GRAMM PRO PORTION AUS DIESER LISTE

Diese Lebensmittel enthalten 3 bis 5 g Kohlenhydrate pro 100 g:

GEMÜSE, SALAT UND KRÄUTER

- Bärlauch (4,0)
- Bohnen (grün) (5,0)
- Frühlingszwiebel (3,0)
- Karotten (4,8)
- Kohlrabi (3,7)
- Kürbis (4,6)
- Lauch (3,3)
- Rosenkohl (3,3)
- Rotkohl (3,5)
- Topinambur (4,0)
- weiße Rüben (4,7)
- Weißkraut (4,2)
- Zwiebel (4,9)

OBST

- Himbeeren (4,8)
- Johannisbeeren (4,8)
- Moosbeeren (3,9)

NÜSSE

- Kokosnuss (4,8)
- Macadamianüsse (4,0)
- Paranüsse (3,6)
- Pekannüsse (4,4)

MILCH- UND MILCHERSATZPRODUKTE (vollfett)

- Buttermilch (4,0)
- Dickmilch (4,0)
- Kefir (4,0)
- Kochkäse (3,4)
- Kuhmilch (3,5 %) (4,8)
- Mandeldrink (3,0)
- Mascarpone (3,6)
- Molke (4,7)
- Naturjoghurt (3,5 %) (4,0)
- saure Sahne (10 %) (3,7)
- Schafsmilch (4,7)
- Schlagsahne (30 %) (3,4)
- Schmand (24 %) (3,2)
- Sojacreme (18%) (4,2)
- Ziegenmilch (4,8)

SAMEN UND SPROSSEN

- Mohnsamen (4,2)
- Sojasprossen (4,7)

MAXIMAL 50 GRAMM PRO PORTION AUS DIESER LISTE

Diese Lebensmittel enthalten 5 bis 7 g Kohlenhydrate pro 100 g:

GEMÜSE UND OBST

- Brombeeren (6,2)
- Erdbeeren (5,5)
- Guave (5,8)
- Heidelbeeren (6,1)
- Holunderbeeren (6,5)
- Papaya (7,1)
- Petersilienwurzel (6,1)
- Preiselbeeren (6,2)
- Steckrübe (5,7)

NÜSSE

- Erdnüsse (7,0)
- Mandeln (5,4)

MILCH- UND MILCHERSATZPRODUKTE (vollfett)

- Haselnussdrink (6,5)
- Schmelzkäse (7,5)
- Stutenmilch (6,2)

MAXIMAL 30 GRAMM PRO PORTION AUS DIESER LISTE

Diese Lebensmittel enthalten 7 bis 15 g Kohlenhydrate pro 100 g:

GEMÜSE UND SALAT

- Ingwer (11,0)
- Kartoffeln (14,8)
- Meerrettich (11,7)
- Pastinaken (12,1)
- Rote Bete (8,4)

KRÄUTER UND PILZE

- Petersilie (7,4)
- Trüffel (7,4)
- Shiitakepilze (12,3)

NÜSSE UND SAMEN

- Haselnüsse (10,5)
- Kürbiskerne (14,2)
- Pistazien (11,6)
- Sesamsamen (10,2)
- Sonnenblumenkerne (12,3)
- Walnüsse (10,6)

OBST

- Ananas (12,4)
- Apfel (11,4)
- Birne (12,4)
- Feige (12,9)
- Grapefruit (7,4)
- Honigmelone (12,4)
- Kaktusfeige (7,1)
- Kirschen, sauer (9,9)
- Kirschen, süß (13,3)
- Kiwi (9,1)
- Kumquat (14,6)
- Mandarinen (10,2)
- Mango (12,5)
- Maulbeeren (8,1)
- Mispel (10,6)
- Nektarine (12,4)
- Passionsfrucht (9,5)
- Pfirsich (8,9)
- Pflaumen (10,2)
- Reineclauden (12,3)
- Wassermelone (8,3)

MILCH- UND MILCHERSATZ-PRODUKTE

- Dinkeldrink (8,4)
- Haferdrink (8,5)

WENN ÜBERHAUPT, DANN NUR IN WINZMENGEN VERWENDEN

Diese Lebensmittel enthalten mehr als 15 g Kohlenhydrate pro 100 g:

GETREIDE UND GEMÜSE

- Amarant (56,8)
- Bohnen (20 bis 50)
- Buchweizen (72,6)
- Dinkel/Grünkern (63,2)
- Erbsen (41,2)
- Gerste/Graupe (71,0)
- Haferflocken (58,7)
- Hirse (68,8)
- Kichererbsen (44,3)
- Linsen (40,6)
- Mais (73,5)
- Quinoa (58,5)
- Reis (74,1)
- Roggen (32,7)
- Süßkartoffeln (24,1)
- Weizen (59,5)
- Zuckermais (15,8)

NÜSSE UND SAMEN

- Cashewkerne (30,5)
- Hanfnüsse (33,9)
- Maronen (33,0)
- Pinienkerne (20,5)

OBST UND SÄFTE

- Bananen (20,0)
- Datteln (65,2)
- Fruchtsäfte
- Frucht-Smoothies (rein)
- Granatapfel (16,7)
- Hagebutte (16,2)
- Kaki (16,0)
- Litschi (17,0)
- Mirabellen (15,1)
- Rosinen (68,0)
- Trockenfrüchte (ca.60)
- Weintrauben (15,2)

MILCH- UND MILCHERSATZ-PRODUKTE

- alle Milchprodukte mit Fruchtzubereitungen oder in süßen Geschmacksrichtungen

REZEPTREGISTER

VEGETARISCH

VEGAN

FLEISCH

FISCH

IMPRESSUM:

HAFTUNGSAUSSCHLUSS

Die Ratschläge in diesem Buch sind vom Autor und vom Verlag sorgfältig erwogen und geprüft. Sie bieten jedoch keinen Ersatz für kompetenten medizinischen Rat. Jede Leserin und jeder Leser ist für sein eigenes Handeln selbst verantwortlich.
Alle Angaben in diesem Buch erfolgen daher ohne jegliche Gewährleistung oder Garantie seitens des Autors und des Verlags. Eine Haftung des Autors bzw. des Verlags und seiner Beauftragten für Personen-, Sach- und Vermögensschaden ist ausgeschlossen.

Sollte diese Publikation Links auf Webseiten Dritter enthalten, so übernehmen wir für deren Inhalte keine Haftung, da wir uns diese nicht zu eigen machen, sondern lediglich auf deren Stand zum Zeitpunkt der Erstveröffentlichung verweisen.

4. Auflage
Originalausgabe 12/2016

REDAKTION: Marion Grillparzer, München

LEKTORAT: Ina Raki, Bruckmühl

GESAMTGESTALTUNG UND SATZ: E DESIGN, Astrid Reinbacher, Palma de Mallorca

FOTOS: Marion Grillparzer

REZEPTE: Martina Kittler

ILLUSTRATIONEN: Adobe Stock: visnezh

DRUCK: aprinta Druck GmbH, Wemding

Printed in Germany

ISBN: 978-3-453-20144-6

www.heyne.de

MIX
Papier aus verantwortungsvollen Quellen
FSC® C004592

Penguin Random House Verlagsgruppe FSC® N001967

GESUND UND GLÜCKLICH
MIT DEM ERFOLGSPROGRAMM
DES BESTSELLERAUTORS

ISBN: 978-3-453-12002-0

ISBN: 978-3-453-20044-9

ISBN: 978-3-453-12093-8

ISBN: 978-3-453-60347-9

ISBN: 978-3-453-60348-6

ISBN: 978-3-453-20063-0

ISBN: 978-3-453-20064-7

ISBN: 978-3-453-20110-1

Dr. med. Ulrich Strunz,
www.strunz.com
Leseproben unter www.heyne.de

HEYNE